呂思勉著作導讀

周佳榮 著

中華書局

序

中國是史學大國，史學著作浩如煙海，單就歷代「正史」而言，就有「二十四史」乃至今日所謂「二十六史」，總計起來，有二百三十篇和三千七百五十卷。近代史家能遍讀「前四史」，即《史記》、《漢書》、《後漢書》和《三國志》，另加一本《資治通鑑》，已經很難得了。把「二十四史」由頭到尾讀完，似乎只有呂思勉一人，他甚至反覆讀了三遍，部分還不止此數。據說他用四年時間通讀一遍，如是者前後達十四年之久。

呂思勉一面閱讀正史，一面做札記，有的寫入他的著作，有的作為撰史時的參考。他與陳垣、陳寅恪、錢穆並稱二十世紀中國四大歷史學名家，著作等身，計有兩部通史、四部斷代史、五部專史、八部近代史著作以及文學、文字學、通俗讀物等，總數超過一千萬字。其中一個特色，是將正史材料的精華熔鑄

成為專書，不妨認為，呂思勉的著作大部分是從中國歷代正史提煉而成的。

　　時移世易，在二十一世紀的今日，即使學術資訊如何發達，檢索工具怎樣便捷，中國史研究者要全盤掌握和運用歷代正史材料，以一人之力，幾乎是不可能的。藉着呂思勉的著作吸收傳統史學的精粹，肯定可收事半功倍之效。有鑑於此，近幾年來，我把呂思勉的著作加以系統整理，寫成研究述評，目的就是想為年輕一代的學子以及對中國歷代正史有興趣的讀者，提供一個入門途徑，俾不至於望洋興歎。本着「博通與創新」的觀點，強調對學問和文獻要求博通，對方法和理論務求能創新，這正是呂思勉史學的精神所在。

　　中國古時稱史學為「乙部之學」，其位置僅次於經學，在四部之中起着承上啟下的中堅作用，因而有

「經史之學」之稱。自從二十世紀初各級學校廢止讀經以來，經學已漸成經學史，史學的地位更形重要，蔚為國學大宗。年輕一代的國人如果對歷代正史缺乏較透切的認識，中國史學以至文化傳承，實在是足以令人擔憂的。

我在大學時代修習中國通史、秦漢史、隋唐五代史及中國近代史等科目，呂思勉的著作是必讀的；其後任教中學和大學，也常以呂氏之書作為參考。他不但撰寫學術專著，同時也編寫中學課本與普及讀物，供不同程度人士閱讀和進修之用。現時坊間有多種呂著重印，正好說明跨世紀的新時代讀者亦有此需求，呂著歷久而常新，今日讀來仍能令人深所感受。

本書只是為認識呂思勉的大量著作提供一個藍圖，綜合學界人士的見解和研究述評，就呂氏各種書籍作簡明扼要的介紹，使讀者對其生平和學術有全面

的了解。深入的探究，還在於鑽研呂氏著作，進而以其他學者的同類書籍作延伸閱讀，或者加以參照和比較。如果選取正史中有關的篇卷仔細閱讀，必定獲益良多。

　　能夠專精一個斷代史本已不易，要博通中國歷史就更加困難，沿着呂思勉構築的「階梯閱讀法」或者「階梯學習法」，按部就班，拾級而上，肯定可以更上一層樓。在傳承中尋找創新之道，弘揚文化，即使「雖不能至，自心嚮往之」。我在大學歷史系任教三十餘年，講授過多個中國史科目，自問學術未深，只求盡力以赴。本書亦復如是，拋磚引玉而已。

周佳榮 謹識

2022 年 7 月 28 日

目錄

表解目錄

第 一 章

呂思勉的生平和著述

　　呂思勉是近代中國一位以讀書勤奮和著述繁富見稱的歷史學家，知識廣博而又實事求是。他的著作在兩岸四地廣泛流傳，為學界所推重，說明了他的學術成果經得起時間考驗，是十分難能可貴的。

　　以專門史、專題研究取得成績固然不易，在通史、斷代史方面要作出貢獻尤難，呂思勉的著作多達一千四百餘萬字，涵蓋了中國歷史文化的主要內容，並且層次井然，為後學提供閱讀和研習門徑，其學術遺產猶如一個豐富的文獻資料庫藏，有待繼續開發的空間甚大。[1]

　　呂思勉的學術表現，史學名家譚其驤曾予以高度評價，他說：「近世承學之士，或腹笥雖富而著書不多，或著書雖多而僅纂輯成編，能如先生之於書無所不讀，雖以史學名家而兼通經、子、集三部，述作略數百萬言，淹博而多創獲者，吾未聞有第二

人。」[2] 最關鍵的一句就是「淹博而多創獲」，呂思勉當之無愧；謂為一代國學名家，也是名副其實的。

要了解呂思勉的史學，應先從他早年勤奮的讀書經驗入手，因為他對中國典籍和歷史文化的認識，自少年時代就已奠定基礎了。進而考察他的教學生涯，由小學、中學到大學，都能做到一絲不苟，數十年如一日，平實中見真心和熱誠，他用來備課的講義，大多改編增訂而成各種著作，達到教研合一的境界。接着，就是瀏覽呂氏豐碩多元的學術成果，從而選用、閱讀自己需要及有興趣的書籍；至於為數甚眾的著作怎樣讀法，在這裏也提供了一些意見供大家參考。

第一節 早年的讀書經驗

呂思勉，1884 年（光緒十年）生於江蘇常州十子街的呂氏祖居。六歲至九歲，跟從薛念辛讀書；十歲時，其師服官揚州，改從魏少泉讀書至十二歲。呂思勉〈自述〉說：「予生於中法戰爭之時，至甲午中日戰爭，年十歲，家世讀書仕宦，至予已數百年矣。」[3]

呂思勉幼承庭訓，1893 年（光緒十九年）九歲

時，母親程氏授以《綱鑑正史約編》，開始接觸史學。1896 年（光緒二十二年）夏，魏師赴新疆；呂家因環境拮据，未能延師，呂思勉遂由他父親自行教授學業，前後凡三年。當時呂思勉已有閱讀報刊的習慣，對《時務報》甚為喜好。

《時務報》是維新人士在上海創辦的旬刊，由梁啟超任總撰述，所載論說大率以變法圖強為宗旨，並有諭摺、時事報道、域外報譯等。《時務報》創於 1896 年 8 月，至 1898 年停辦。

1898 年（光緒二十四年），光緒帝下詔維新，史稱「戊戌變法」，但僅百餘日，慈禧太后即發動政變，維新失敗，康有為、梁啟超出逃。當時呂思勉在政見上是贊成康梁的，翌年入陽湖縣學，名義上為舊式的縣學生，「然舊式學校，從無入學讀書之事，實係科舉之初階而已。」[4]

1900 年（光緒二十六年），義和團事件爆發，八國聯軍攻入北京，舉國震動。這時呂思勉在政見方面，對清廷已深表絕望。本年，自讀北宋司馬光《資治通鑑》及其續編和清朝陳鶴《明紀》。此後幾年，有三件較重要的事可記：其一，1901 年（光緒二十七年），受教於丁桂徵；其二，1903 年（光緒二十九年），赴金陵應鄉試；其三，1904 年（光緒三十年），與虞菱女士結婚。婚後擔任小學、中學教

職，繼而擔任師範學校教員。

呂思勉的家鄉常州，歷來是人文薈萃、名家輩出之地，至清代風氣尤盛，出現了常州畫派、今文經學派、陽湖古文派、常州詞派、常州詩派、孟河醫派等文化群體，近代詩人、思想家龔自珍曾以「天下名士有部落，東南無與常匹儔」的名句加以推崇。清代詩人、史學家趙翼，更以「江山代有才人出，各領風騷數百年」來形容常州名家風起雲湧，在文化創新方面有卓越的表現。[5]

趙翼（1727－1814 年），長於歷史考據，他的《廿二史劄記》，與錢大昕的《廿二史考異》、王鳴盛的《十七史商榷》，並稱清代三大考史名著。趙翼治史並不限於只對舊史補缺訂偽，而是把分散的史料加以比類綜合，同時也留心於評述歷代治亂的因由，以及古今社會的變化。《廿二史劄記》所述實為「二十四史」，即從《史記》到《明史》，因當時尚未將《舊唐書》和《舊五代史》定為「正史」，故以「廿二史」為書名。全書用筆記體裁寫成，共三十六卷，附補遺一卷，按二十四史先後分卷編次；每卷以類相從，各立標題，共為六百零九條，1795 年（乾隆六十年）成書。[6]《廿二史劄記》是研究「正史」的重要參考書籍，呂思勉受其影響頗大。

至於呂思勉出生和成長的那個時代，中國受盡

西方列強的欺壓。中英鴉片戰爭後，清政府簽訂了近代中國第一個不平等條約《南京條約》，自此國門大開，內憂外患接踵而來。洋務運動推行西化，卻有中法越南之戰和中日甲午之戰的敗局；變法運動為時短暫，旋即為戊戌政變摧毀；八國聯軍大舉入京，清朝國運陷於前所未有之低落；日俄戰爭爆發，戰場在中國境內，俄國戰敗，損失卻多由中國及國人承受。在這樣的情況下，國人生活相當困難，對於讀書人來說，精神上的困擾更令他們感到傷痛。晚清時期的呂思勉，家事和國事的壓力都相當繁重。在他後來的憶述中，個人與社會經常是連在一起的；他的近代史著作如《日俄戰爭》、《國恥小史》等，不少都有切身體驗。

第二節　平實的教學生涯

　　呂思勉從二十一歲起從事教學工作，至四十歲為止，由小學、中學至師範學校教師，其間有幾年曾先後在中華書局、商務印書館任編輯。1925 年（民國十四年）四十一歲時赴上海滬江大學任教，第二年任上海光華大學國文系教授，後來擔任歷史系教授、系主任，直至 1951 年院系調整，光華大學併入華東

師範大學，呂思勉任該校一級教授，總計於各級學校的教學崗位上長達五十年。

1905 年（光緒三十一年），呂思勉在私立溪山兩級小學任教至次年年底；當時他父親患病，臥床將近一年而逝。1907 年（光緒三十三年），由年初至暑假前，呂思勉在蘇州東吳大學教國文、歷史，〈自述〉說：「因氣味不投，至暑假辭職去。」[7] 同年冬，在常州府中學堂任教歷史、地理，至 1909 年（宣統元年）；呂思勉專心致意研治史學，是從這時開始。

常州府中學堂是留學日本回國的屠寬（字元博）所創，屠寬的父親是著名蒙元史家屠寄，著《蒙兀兒史記》，還編過《中國地理教科書》。呂思勉在校中教過的學生錢穆，後來成為著名歷史學家。[8]

1911 年（宣統三年）武昌首義，辛亥革命爆發；次年中華民國成立，清帝遜位，中國二千多年來的帝制，自此結束。上海是當時出版事業集中的城市，中華書局於 1912 年（民國元年）成立，是繼商務印書館之後的主要出版社之一。1914 年（民國三年）暑假後，呂思勉入中華書局任編輯，這年作《本論》十二篇，是他從事著述之始；翌年開始編著《國恥小史》上、下冊，是他出版的第一本書。

1918 年（民國七年）秋，呂思勉辭中華書局之職，擬前往瀋陽高等師範學校任教，但未成行。第二

年上半年，任商務印書館編輯，協助謝觀編著《中國醫學大辭典》，並且對醫學產生興趣，撰寫了《醫籍知津》，後來改題《中國醫學源流論》。[9]

1919 年（民國八年）5 月 4 日，北京爆發五四事件，擴大而為全國性的五四運動，影響深遠。這年暑假後，呂思勉赴蘇州省立第一師範任教；次年 1 月，到瀋陽高等師範學校（東北大學前身）任教，着手編寫《中國歷史講義》、《國文史地部國文講義》等，並在《瀋陽高師週刊》發表〈新舊文學之研究〉等文章，積極參與新文化運動。

新文化運動始自 1915 年（民國四年）陳獨秀在上海創辦《青年雜誌》，後改題《新青年》，在北京繼續出版，成為文學革命的推動者。新文化運動在北京大學校長蔡元培的支持下，後來且與五四運動合流，匯為五四新文化運動。1923 年（民國十二年），呂思勉在江蘇省立第一師範專修科任教；1925 年（民國十四年），任私立上海滬江大學教授。該校原稱上海浸會大學，是教會所辦。

1926 年（民國十五年）起，呂思勉任私立光華大學國文系教授、歷史系教授兼系主任。該校在早一年成立，緣起於「五卅慘案」發生後，聖約翰大學師生因不滿學校當局阻撓師生的愛國行動，紛紛離校，籌議在上海自辦大學，學生家長王省三、張壽鏞等捐

地捐款，公推張壽鏞為校長。其初租賃霞飛路（今淮海中路）534 號為校舍，次年遷入大西路（今延安西路）新址，除收容聖約翰大學的離校學生之外，並兼收各地的轉學生。

1932 年（民國二十一年）「一‧二八」淞滬抗戰後，呂思勉一度在省立安徽大學任教；此外，他一直在光華大學擔任教職。1935 年 12 月，與馬相伯等署名發表《上海文化界救國運動宣言》；1936 年 8 月，任吳越歷史研究會理事。1941 年上海淪陷，光華大學停辦，呂思勉攜眷歸鄉，閉門著作。1942 年（民國三十一年）秋，任常州青雲中學文史教員，曾兼輔華中學教席。抗日戰爭勝利後，重返光華大學任教。

抗戰期間，光華大學數度遷移，在四川成都設立分部。1941 年（民國三十年），日軍進佔上海租界，校方為避免向日偽登記，本部被迫停辦，部分教職員創辦誠正文學社和格致理商學社。抗戰勝利後，光華大學在上海歐陽路復校，朱經農、廖世承為正、副校長，成都部分則改為華成大學。[10]

光華大學設有文、理、商三個學院，另有中學部，蔣維喬、呂思勉與該校淵源甚深，潘光旦、章乃器、羅隆基、胡適、王造時等人，都曾在校內授課。1947 年（民國三十六年），總計有十四個學系。1949 年中華人民共和國成立，1952 年進行院系調整

時，撤銷光華大學，大部分併入華東師範大學，其餘併入同濟大學。呂思勉任華東師範大學歷史系一級教授，並當選上海歷史學會理事、江蘇省政協委員。晚年專心致志，從事斷代歷史研究和撰述。1957年10月9月病逝，終年七十三歲。

呂思勉的教學生涯中，與光華大學淵源甚深。〈自述〉說，光華大學初創時，「氣象甚佳，確有反對帝國主義之意味。國文系主任童伯章君，本係常州府中學同事，再三相招。1926年暑假後，予遂入光華。此時光華無歷史系，予雖在國文系，所教實以歷史課程為多。後歷史系設立，校中遂延予為主任」。1932年，日人犯上海，光華延遲數月未能開學，其時欠薪甚多，呂氏難以支持；適安徽大學開辦，邀他前往任教，明言決不欠薪，呂思勉於是向光華辭職，光華相留，改為請假。呂氏赴安徽三個月，欠薪亦與光華無異。因女兒將到上海讀書，於是復返光華大學。其後在華東師範大學任教，亦是光華改組後的延續。[11]

二十一世紀初，華東師範大學創辦思勉人文高等研究所，又成立呂思勉研究中心，舉辦了一些紀念活動和出版研究專著。江蘇省常州市天寧區十子街東側 8－10 號，是呂思勉幼年讀書和生活的地方，為呂氏祖居，現在作為呂思勉故居供遊客參觀。

第三節　豐碩的學術成果

　　總的來說，呂思勉的著作，按「呂思勉文集」的編排，大致可以分為以下幾類：

　　（一）中國通史：《白話本國史》和《中國通史》兩種，是他的代表作，在數十計的通史著作中，備受學界重視。

　　（二）中國古代史：《先秦史》、《秦漢史》、《兩晉南北朝史》和《隋唐五代史》四種斷代史著作，極具份量，而且前後連接，可視為中國古代史長編。

　　（三）中國近代史：《中國近代史講義》、《中國近世史前編》、《中國近百年史概說》、《中國近代文化史補編》幾種，或為授課講義，或為概說式讀物，中國近代史事大抵有扼要的敘述；《日俄戰爭》和《國恥小史》，甚具史識；此外還有《本國史補編》及《中國近代史表解》，合為《中國近代史八種》。呂思勉雖厚古而不薄今，實屬難能可貴。

　　（四）中國學術與文化：典籍介紹方面，有《醫籍知津》、《群經概要》、《經子解題》；學術思想方面，有《先秦學術概論》、《大同釋義》和《理學綱要》；文化社會方面，有《中國文化史六講》、《中國社會變遷史》、《中國政治思想史十講》，合為《中國文化思想史九種》。經史醫學、思想文化，述其大要。

（五）**中國民族與社會：**呂思勉著有《中國民族史》和《中國民族演進史》，合為《中國民族史兩種》；另有幾種制度史小著，或以單行本形式出版，或合為《中國制度史》一書，後改題《中國社會史》刊行。民族構成、社會制度，有條不紊。

（六）**中國史學與史籍：**有《歷史研究法》和《史籍與史學》、《中國史籍讀法》，而以《史通評》及《文史通義評》較突出，此外有《古史家傳記文選》、《史籍選文評述》和《新唐書選注》，列為《史學與史籍七種》。至於《燕石札記》、《燕石續札》及其他讀史札記多篇，合為《呂思勉讀史札記》上、中、下三冊。另有《呂思勉論學叢稿》，收錄史學、哲學、社會經濟、文學、文獻、文字學、書信序跋等百餘篇。

（七）**中國文字學與文學：**《章句論》、《中國文字變遷考》、《字例略說》、《說文解字文考》，輯為《文字學四種》。《宋代文學》、《論詩》、《中國文學史選文》、《國文選文》，合為《文學與文選四種》。另有《呂思勉詩文叢稿》上、下冊，收錄小說、詩詞、文章等。

（八）**中小學教科書：**計有《國文教科書》、《新學制高級中學本國史》、《復興高級中學本國史》、《高中復習叢書本國史》和《初中標準教本本國史》，合為《呂著中小學教科書五種》上、下冊，文史並濟，

層次分明。

（九）**史地普及讀物：**通俗性質的著作，有《蘇秦張儀》、《關岳合傳》、《中國地理大勢》和《三國史話》，合為《呂著史地通俗讀物四種》刊行。《三國史話》有幾種通行本，在坊間廣泛流傳，此書品評人物，尤具卓識。

以上各類著作，凡五十餘種，均已編入「呂思勉文集」，由上海古籍出版社於 2005 年至 2011 年間陸續刊行，計共十八種二十六冊。（表 1）因分種冊出售，坊間較易購得。

表 1 「呂思勉文集」各卷編目

卷次	書名	收錄著作	出版年份
1	《白話本國史》上、下		2005
2	《先秦史》	附作者自擬的札錄	2005
3	《秦漢史》	附作者自擬的札錄	2005
4	《兩晉南北朝史》上、下	附作者自擬的札錄	2005
5	《隋唐五代史》上、下	增補總論一章，以及刪節部分	2005
6	《呂思勉讀史札記》上、中、下	收《燕石札記》《燕石續札》及其他已刊或未刊的讀史札記共 763 篇	2005

卷次	書名	收錄著作	出版年份
7	《呂思勉論學叢稿》	收錄史學、哲學、社會經濟、文學、文獻、文字學、書信序跋自述共 102 篇	2006
8	《中國社會史》	即《中國制度史》，增補九萬餘字刪節	2007
9	《中國民族史兩種》	包括《中國民族史》及《中國民族演進史》	2008
10	《中國近代史八種》	收錄《中國近代史講義》《中國近世史前編》《中國近百年史概說》《中國近代文化史補編》《日俄戰爭》《國恥小史》、《本國史補編》《中國近代史表解》	2008
11	《中國通史》	即《呂著中國通史》	2009
12	《中國文化思想史九種》上、下	收錄《醫籍知津》《群經概要》《經子解題》《中國文化史六講》《理學綱要》《先秦學術概論》《大同釋義》《中國社會變遷史》《中國政治思想史十講》	2009
13	《文字學四種》	收錄《章句論》《中國文字變遷考》《字例略説》《説文解字文考》及增補內容	2009
14	《史學與史籍七種》	收錄《歷史研究法》《史籍與史學》《中國史籍讀法》《史通評》《文史通義評》《古史家傳記文選》《史籍選文評述》及《新唐書選注》	2009

（接上表）

卷次	書名	收錄著作	出版年份
15	《呂著史地通俗讀物四種》	收錄《蘇秦張儀》《關岳合傳》《中國地理大勢》《三國史話》	2010
16	《文學與文選四種》	收錄《宋代文學》《詩論》《中國文學史選文》《國文選文》	2010
17	《呂著中小學教科書五種》上、下	收錄《國文教科書》《新學制高級中學本國史》《復興高級中學本國史》《高中復習叢書本國史》《初中標準教本本國史》	2011
18	《呂思勉詩文叢稿》上、下	收錄小說、舊文、詩詞、回憶文章等	2011

　　李永圻、張耕華編撰《呂思勉先生年譜長編》上、下冊（上海：上海古籍出版社，2012 年），收錄了大量呂思勉的傳記資料，包括日記、書信、著作、論文、時論、詩文、札記、隨筆等，按年月日編排。附錄〈呂翼仁回憶四篇〉及〈呂思勉先生著述繫年〉，是研究呂思勉生平和學術最詳的參考材料。[12]

　　2012 年，上海古籍出版社決定出版「呂思勉全集」，與此前的「呂思勉文集」相比，增加了《高等小學新修身教授書》、《高等小學校用新式歷史教授書》、《高等小學校用新法歷史參考書》、《高等小學校用新式地理教科書》、《高等小學校用新式地理教

授書》、《更新初級中學教科書本國史》、《〈古文觀止〉評講錄》、《本國史（自元以後）》、《中國文化史》、《國學概論》等十餘種，主要是教科書、教師用書、參考書，以及一些時論文章、詩詞、聯語、筆記等。總共二十六冊，凡一千四百餘萬字。[13]

　　大致來說，全集本第一、二冊收錄中國通史著作，第三、四冊是先秦及秦漢史，第五、六冊是兩晉南北朝史，第七、八冊是隋唐五代史，第九、十冊是讀史札記，第十一、十二冊是論學叢論，第十三至十五冊是近代史、社會史、文化史，第十六至十九冊是經學與文史，第二十至二十四冊是課本和教參，其餘兩冊是通俗讀物及其他。（表 2）

表 2　「呂思勉全集」各冊編目

冊次	收錄著作
第一冊	《白話本國史》
第二冊	《呂著中國通史》《中國通史提綱五種》
第三冊	《先秦史》《先秦學術概論》
第四冊	《秦漢史》
第五、六冊	《兩晉南北朝史》
第七、八冊	《隋唐五代史》
第九、十冊	《讀史札記》
第十一、十二冊	《論學叢稿》
第十三冊	《中國近代史講義》《中國近世史前編》《中國近百年史概論》《日俄戰爭》《中國近世文化史補編》《近代史表解》《大同釋義》《中國社會變遷史》

（接上表）

冊次	收錄著作
第十四冊	《中國社會史》
第十五冊	《中國民族史》《中國民族演進史》《中國文化史六講》《中國文化史》
第十六冊	《醫籍知津》《群經概要》《經子解題》《國學概論》《理學綱要》《中國政治思想史十講》
第十七冊	《章句論》《中國文字變遷考》《字例略說》《說文解字文考》《史通評》《文史通義評》
第十八冊	《史籍與史學》《歷史研究法》《新唐書選注》《史籍選文評述》《古史家傳記文選》《中國史籍讀法》
第十九冊	《論詩》《宋代文學》《中國文學史選文》《國文選文》《〈古文觀止〉評講錄》
第二十冊	《新學制高級中學本國史》《復興高級中學教科書本國史》《本國史（元至民國）》《本國史復習大略》
第二十一冊	《高中復習叢書本國史》《初中標準教本本國史》《初級中學適用本國史補充讀本》《更新初級中學教科書本國史》
第二十二冊	《高等小學新修身教授書》《高等小學校用新式歷史教授書》
第二十三冊	《高等小學校用新式國文教科書》《高等小學校用新法歷史參考書》
第二十四冊	《高等小學校用新式地理教科書》《高等小學校用新式地理教授書》
第二十五冊	《未來教育史》《中國女偵探》《蘇秦張儀》《關岳合傳》《國恥小史》《中國地理大勢》《三國史話》
第二十六冊	《菁廬詩稿、聯語》《菁廬文稿、筆記》《呂思勉編年事輯》

有幾種著作不妨順作交代。呂思勉早年喜愛文學，受梁啟超「小說界革命」的影響，曾從事小說研究和創作。1907 年上海商務印書館出版《中國女偵探》一書，包括《血帕》、《白玉環》、《枯井石》三篇，是近代中國第一部描寫女子偵探的小說，作者署「陽湖呂俠」。據考，此書是呂思勉所作。[14]

　　1910 年代後期，呂思勉著《蘇秦張儀》（1915 年）、《關岳合傳》（1916 年）、《中國地理大勢》（1917 年），還有《國恥小史》（1917 年），都由上海中華書局出版，作為史地通俗讀物。1914 年至 1919 年間，呂思勉先後任職於中華書局和商務印書館，除了撰寫通俗讀物外，主要的工作是編著中、小學國文、修身、歷史、地理教科書，共有十種：

1. 《新編中華民國國文教科書》，上海：民國南洋圖書滬局，1913 年；

2. 《新編共和國修身教授書》，上海：民國南洋圖書滬局，1913 年；

3. 《高等小學修身教授書》，上海：中國圖書公司和記，1914 年；

4. 《新式最新國文教科書》，上海：中華書局，1916 年；

5. 《高等小學校用新式國文教科書》1—6，上海：中華書局，1916 年－1921 年；

6. 《高等小學校用新式地理教科書》1 — 6，上海：中華書局，1916 年；

7. 《高等小學校用新式地理教授書》，上海：中華書局，1916 年；

8. 《高等小學校用新式歷史教授書》，上海：中華書局，1916 年；

9. 《新法國語教科書》，上海：商務印書館，1920 年；

10. 《高等小學校用新法歷史參考書》，上海：商務印書館，1920 年。

按：教科書是課本，教授書相當於現時的教師用書；參考書即教學參考，亦可作為課外閱讀之用。1920 年代至 1940 年代，呂思勉也編寫有一些中學教科書，主要如下：

11. 《新學制高級中學本國史教科書》，上海：商務印書館，1924 年；

12. 《復興高級中學教科書本國史》上、下，上海：商務印書館，1934 年。

13. 《高中復習叢書本國史》，上海：商務印書館，1935 年。

14. 《初中標準教本本國史》1 — 4，上海：中學生書局，1935 年。

15. 《初中本國史補充讀本》，上海：中學生書

店，1946 年。[15]

可以肯定，呂思勉是編寫中國歷史中、小學各級課本最多的史學家。

第四節　眾多的著作怎樣讀

呂思勉的著作眾多，撰述固然不易，讀者如果茫無頭緒，閱讀也是吃力的。所以必須清楚自己想知道甚麼，應看哪本著作，有了可循的門徑，就容易得多了。

首先是中國通史，《白話本國史》可讀性較高，《呂思勉講中國史》簡便易明，《呂著中國通史》，則可一窺呂思勉史學的規模。

如果讀者對古代史有更多了解興趣，或者想進一步作研究，可在《先秦史》、《秦漢史》、《兩晉南北朝史》、《隋唐五代史》中選一種或兩種精讀，功力就可大進。

對中國近代史有興趣的話，則《中國近代史講義》比較合適。《日俄戰爭》值得一讀，《國恥小史》可引起讀者共鳴，呂思勉為時代寫史的用意是頗明顯的，見解不過於偏激，而且又不隱藏自己的觀點，帶有那個時代的心聲。

在推廣歷史教學和普及歷史知識方面，呂思勉是不遺餘力的。《三國史話》讀來層次分明，又能糾正一些錯誤的歷史觀，有點說書人的味道，卻又令人開闊眼界。他的《宋代文學》也能吸引讀者，對宋代文學史增添歷史感。推介名家小著，《三國史話》、《宋代文學》、《日俄戰爭》三書都是必選。實則呂思勉的其他小著都很出色，《史通評》和《理學綱要》也在推薦名單之列。

如果不選特定課題，而想對呂思勉史學有較全盤了解，有兩本書是可注意的：其一，是《呂著史學與史籍》（上海：華東師範大學出版社，2002 年），收錄呂思勉的六種著作，包括《歷史研究法》、《史籍與史學》、《中國史籍讀法》、《史籍選文述評》、《史通評》和《文史通義評》，教研和讀法並重，可說是一本中國史學概覽。

其二，是洪治綱主編《呂思勉經典文存》（上海：上海大學出版社，2008 年），除收錄《中國文化史六講》外，包括二十四篇文章，分別論述哲學、思想、文化和文學，附有呂思勉生平及著作年表。

通史與斷代互見，精深與通俗兼有，文言與白話並用，是呂思勉史學的三大特色。他的著作不斷重印、重編、重組，成為中國史學的一個庫藏，主要的原因，是他能把歷代主要的文獻著述熔冶於一爐，從

中又能表現出自己作為一代史家的識見，讀者、學者、學生從中可以各取所需。

西漢司馬遷在〈報任安書〉中說，他所撰的《史記》「凡百三十篇，亦欲以究天人之際，通古今之變，成一家之言」。二千多年來，這幾句話一直成為中國史學家的偉大抱負；治史者對國家、民族、社會的最大任務，看來也莫過於此。史學的盛衰，與一個時代的發展是息息相關的，雖不至於說是一國命運之所繫，但一個國家、一個民族，如何有效地掌握本身的命運，則非借助史學不可。在教育專業當中，歷史科常是不可缺少的一環，但歷史教育向來不曾受到適當的重視，即使是史學家，也不一定肯於歷史教學方面多下功夫。呂思勉在二十世紀中國史學家中，肯定是「欲以究天人之際，通古今之變，成一家之言」的表表者；他對歷史教學所付出的心力，也是眾所周知、有目共睹的。

註釋：

[1]　張耕華〈百餘年來呂思勉著述的出版、整理重印情況的綜述
　　——寫於《呂思勉全集》出版之際〉，華東師範大學思勉人文
　　高等研究院呂思勉研究中心編《觀其會通——呂思勉先生逝世
　　六十周年紀念文集》（上海：上海古籍出版社，2017 年），頁
　　395－414。

[2]　譚其驤在呂思勉百年誕辰紀念會上的講話，轉引自張耕華著
　　《人類的祥瑞——呂思勉傳》（上海：華東師範大學出版社，
　　1998 年），頁 337。

[3]　呂思勉〈自述〉，張耕華編《呂思勉學術文集》（上海：上海人
　　民出版社，2011 年），附錄一，頁 382。

[4]　同上註，頁 383。

[5]　周佳榮、丁潔著《天下名士有部落——常州人物與文化群體》
　　（香港：三聯書店、香港浸會大學當代中國研究所，2013 年），
　　頁 6。

[6]　周佳榮著《中國歷代史學名著快讀》（香港：商務印書館，2016
　　年），頁 143－145。

[7]　呂思勉〈自述〉，《呂思勉學術文集》，頁 384。

[8]　周佳榮著《錢穆史學導論——兩岸三地傳承》（香港：中華書局，
　　2017 年），頁 9。

[9]　1919 年，呂思勉入商務印書館協助謝觀（利恒）編《中國醫學
　　史辭典》。呂思勉〈自述〉説他對中國醫書的源流派別有所認
　　識，謝觀本舊友，亟欲編成此辭典，乃將有關部分囑他襄理，
　　至暑假中事訖，寫成一部《醫籍知津》。其後改題《中國醫學
　　源流論》，由上海商務印書館於 1935 年出版，作者署名謝觀。
　　「呂思勉全集」據呂氏稿本整理，復用原名《醫籍知津》。關於
　　《中國醫學源流論》的內容，可參周佳榮編著《中國醫學史辭典》
　　（香港：中華書局，2002 年），頁 311。

[10]　周佳榮、丁潔著《天下名士有部落——常州人物與文化群體》，
　　頁 139。

[11]　呂思勉〈自述〉，《呂思勉學術文集》，頁 385。

[12]　《呂思勉先生年譜長編》分為七卷：（一）1884－1911 年；（二）
　　1912－1925 年；（三）1926－1936 年；（四）1937－1945 年；（五）

1946－1949 年；（六）1950－1957 年；（七）1958－2012 年。凡一百五十萬字，厚達 1247 頁。

[13] 張耕華〈百餘年來呂思著述的出版、整理重印情況的綜述——寫於《呂思勉全集》出版之際〉，《觀其會通——呂思勉先生逝世六十周年紀念文集》，頁 411－412。

[14] 鄔國義〈青年呂思勉與《中國女偵探》的創作〉，《觀其會通——呂思勉先生逝世六十周年紀念文集》，頁 267－284。

[15] 方德修〈呂思勉先生編著書籍一覽表〉，俞振基著《蒿廬問學記：呂思勉生平與學術》（北京：三聯書店，1996 年），頁 276－282。

呂著選讀

從我學習歷史的經過說到現在學習歷史的方法

本篇原載《中美日報》〈堡壘〉副刊第 160 至 163 期（1941 年）

　　《堡壘》的編者，囑我撰文字一篇，略述自己學習歷史的經過，以資今日青年的借鑑。我的史學本無足道；加以現在治史的方法，和從前不同，即使把我學習的經過都說出來，亦未必於現在的青年有益。所以我將此題分為兩撅，先略述我學習的經過，再略談現在學習的方法。

一、少時得益於父母師友

　　我和史學發生關係，還遠在八歲的時候。我自能讀書頗早，這一年，先母程夫人始取《綱鑑正史約編》，為我講解。先母無暇時，先姊頒宜（諱永萱）亦曾為我講解過。約講至楚漢之際，我說：我自己會看了。於是日讀數頁。約讀至唐初，而從同邑魏少泉（景徵）先生讀書。先生命我點讀《綱鑑易知錄》，《約編》就沒有再看下去。《易知錄》是點讀完畢的。十四歲，值戊戌變法之年，此時我已能作應舉文字。八股既廢，先師族兄少木（諱景柵）命我點讀《通鑑

輯覽》，約半年而畢。當中日戰時，我已讀過徐繼畬的《瀛寰志略》，並翻閱過魏默深的《海國圖志》，該兩書中均無德意志之名，所以竟不知德國之所在，由今思之，真覺得可笑了。是年，始得鄒沅帆的《五洲列國圖》，讀日本岡本監輔的《萬國史記》，蔡爾康所譯《泰西新史攬要》，及王韜的《普法戰紀》；黃公度的《日本國志》則讀而未完，是為我略知世界史之始。明年，出應小試，僥幸入學。先考譽千府君對我說：你以後要多讀些書，不該兢兢於文字之末了。我於是又讀《通鑑》、畢沅的《續通鑑》和陳克家的《明紀》，此時我讀書最勤，讀此三書時，一日能盡十四卷，當時茫無所知，不過讀過一遍而已。曾以此質諸先輩，先輩說：「初讀書時，總是如此，讀書是要自己讀出門徑來的，你讀過兩三千卷書，自然自己覺得有把握，有門徑。初讀書時，你須記得《曾文正公家書》裏的話『讀書如略地，但求其速，勿求其精。』」我謹受其教，讀書不求甚解，亦不求其記得，不過讀過就算而已。十七歲，始與表兄管達如（聯第）相見，達如為吾邑名宿謝鍾英先生之弟子，因此得交先生之子利恒（觀），間接得聞先生之緒論。先生以考證著名，尤長於地理，然我間接得先生之益的，卻不在其考證，而在其論事之深刻。我後來讀史，頗能將當世之事，與歷史上之事實互勘，

而不為表面的記載所囿，其根基實植於此時。至於後來，則讀章太炎、嚴幾道兩先生的譯著，受其啟發亦非淺。當世之所以稱嚴先生者為譯述，稱章先生為經學、為小學、為文學，以吾觀之，均不若其議論能力求核實之可貴。

蘇常一帶讀書人家，本有一教子弟讀書之法，係於其初能讀書時，使其閱《四庫全書書目提要》一過，使其知天下（當時之所謂天下）共有學問若干種？每種的源流派別如何？重要的書，共有幾部？實不啻於讀書之前，使其泛覽一部學術史，於治學頗有裨益。此項功夫，我在十六七歲時亦做過，經史子三部都讀完，惟集部僅讀一半。我的學問，所以不至十分固陋，於此亦頗有關係（此項工夫，現在的學生，亦仍可做，隨意瀏覽，一暑假中可畢）。

十七歲這一年，又始識同邑丁桂徵（同紹）先生。先生之妻為予母之從姊。先生為經學名家，於小學尤精熟，問以一字，隨手檢出《說文》和《說文》以後的字書，比我們查字典還要快。是時吾鄉有一個龍城書院；分課經籍輿地、天算、詞章。我有一天，做了一篇講經學上的考據文字，拿去請教先生，先生指出我對於經學許多外行之處，因為我略講經學門徑，每勸我讀《說文》及注疏。我聽了先生的話，乃把《段注說文》閱讀一過，又把《十三

經注疏》亦閱讀一過，後來治古史略知運用材料之法，植基於此。

二、我學習歷史的經過

我少時所得於父母師友的，略如上述，然只在技術方面；至於學問宗旨，則反以受漠不相識的康南海先生的影響為最深，而梁任公先生次之。這大約是性情相近之故罷！我的感情是強烈的，而我的見解亦尚通達，所以於兩先生的議論，最為投契。我的希望是世界大同，而我亦確信世界大同之可致，這種見解，實植根於髫年讀康先生的著作時，至今未變。至於論事，則極服膺梁先生，而康先生的上書記（康先生上書，共有七次：第一至第四書合刻一本，第五第七，各刻一本，惟第六書未曾刊行），我亦受其影響甚深。當時的風氣，是沒有現在分門別類的科學的，一切政治上社會上的問題，讀書的人都該曉得一個大概，這即是當時的所謂「經濟之學」。我的性質亦是喜歡走這一路的，時時翻閱《經世文編》一類的書，苦於掌故源流不甚明白。十八歲，我的姨丈管凌雲（諱元善）先生，即達如君之父，和湯蟄仙（壽潛）先生同事，得其書《三通考輯要》，勸我閱讀。我讀過一兩卷，大喜，因又求得《通考》原本，和《輯

要》對讀，以《輯要》為未足，乃捨《輯要》而讀原本。後來又把《通典》和《通考》對讀，並讀過《通志》的二十略。此於我的史學，亦極有關係。人家都說我治史喜歡講考據，其實我是喜歡講政治和社會各問題的，不過現在各種社會科學，都極精深，我都是外行，不敢亂談，所以只好講講考據罷了。

年二十一歲，同邑屠敬山 (寄) 先生在讀書閱報社講元史，我亦曾往聽，先生為元史專家，考據極精細，我後來好談民族問題，導源於此。

我讀正史，始於十五歲時，初取《史記》，照歸、方評點，用五色筆照錄一次，後又向丁桂徵先生借得前後《漢書》評本，照錄一過。《三國志》則未得評本，僅自己點讀一過，都是當作文章讀的，於史學無甚裨益。我此時並讀《古文辭類纂》和王先謙的《續古文辭類纂》，對於其圈點，相契甚深。我於古文，雖未致力，然亦略知門徑，其根基實植於十五歲、十六歲兩年讀此數書時。所以我覺得要治古典主義文學的人，對於前人良好的圈點，是相需頗殷的。古文評本頗多，然十之八九，大率俗陋，都是從前做八股文字的眼光，天分平常的人，一入其中，即終身不能自拔。如得良好的圈點，用心研究，自可把此等俗見，祛除淨盡，這是枝節，現且不談。四史讀過之後，我又讀《晉書》、《南史》、《北史》、《新唐書》、

《新五代史》，亦如其讀正續《通鑑》及《明紀》然，僅過目一次而已。聽屠先生講後，始讀遼、金、元史，並將其餘諸史補讀。第一次讀遍，係在二十三歲時，正史是最零碎的，匆匆讀過，並不能有所得，後來用到時，又不能不重讀。人家說我正史讀過遍數很多，其實不然，我於四史，《史記》、《漢書》、《三國志》讀得最多，都曾讀過四遍，《後漢書》、《新唐書》、《遼史》、《金史》、《元史》三遍，其餘都只兩遍而已。

我治史的好講考據，受《日知錄》、《廿二史札記》兩部書，和梁任公先生在雜誌中發表的論文，影響最深。章太炎先生的文字，於我亦有相當影響；親炙而受其益的，則為丁桂徵、屠敬山兩先生。考據並不甚難，當你相當的看過前人之作，而自己讀史又要去推求某一事件的真相時，只要你肯下功夫去搜集材料，材料搜集齊全時，排比起來，自然可得一結論。但是對於群書的源流和體例，須有常識。又甚麼事件，其中是有問題的，值得考據，需要考據，則是由於你的眼光而決定的。眼光一半由於天資，一半亦由於學力。涉獵的書多了，自然讀一種書時，容易覺得有問題，所以講學問，根基總要相當的廣闊，而考據成績的好壞，並不在於考據的本身。最要不得的，是現在學校中普通做論文的方法，隨意找一個題目，甚

而至於是人家所出的題目。自己對於這個題目，本無興趣，自亦不知其意義，材料究在何處，亦茫然不知，於是乎請教先生，而先生亦或是一知半解的，好的還會舉出幾部書名來，差的則不過以類書或近人的著作塞責而已（以類書為線索，原未始不可，若徑據類書撰述，就是笑話了）。不該不備，既無特見，亦無體例，聚集抄撮，不過做一次高等的抄胥工作。做出來的論文，既不成其為一物，而做過一次，於研究方法，亦毫無所得，小之則浪費筆墨，大之則誤以為所謂學問，所謂著述，就是如此而已，則其貽害之巨，有不忍言者已。此亦是枝節，擱過不談（此等弊病，非但中國如此，即外國亦然。抗戰前上海《大公報》載有周太玄先生的通信，曾極言之）。

三、社會科學是史學的根基

我學習歷史的經過，大略如此，現在的人，自無從再走這一條路。史學是說明社會之所以然的，即說明現在的社會，為甚麼成為這個樣子。對於現在社會的成因，既然明白，據以猜測未來，自然可有幾分用處了。社會的方面很多，從事於觀察的，便是各種社會科學。前人的記載，只是一大堆材料。我們必先知觀察之法，然後對於其事，乃覺有意義，所以各種

社會科學，實在是史學的根基，尤其是社會學。因為社會是整個的，所以分為各種社會科學，不過因一人的能力有限，分從各方面觀察，並非其事各不相干，所以不可不有一個綜合的觀察。綜合的觀察，就是社會學了。我嘗覺得中學以下的講授歷史，並無多大用處。歷史的可貴，並不在於其記得許多事實，而在其能據此事實，以說明社會進化的真相，非中學學生所能；若其結論係由教師授與，則與非授歷史何異？所以我頗主張中等學校以下的歷史改授社會學，而以歷史為注腳，到大學以上，再行講授歷史。此意在戰前，曾在《江蘇教育》上發表過（此處所說，係指呂思勉《中學歷史教學實際問題》一文），未能引起人們的注意。然我總覺得略知社會學的匡廓，該在治史之先。至於各種社會科學，雖非整個的，不足以攬其全，亦不可以忽視。為甚麼呢？大凡一個讀書的人，對於現社會，總是覺得不滿足的，尤其是社會科學家，他必先對於現狀，覺得不滿，然後要求改革；要求改革，然後要想法子；要想法子，然後要研究學問。若其對於現狀，本不知其為好為壞，因而沒有改革的思想，又或明知其不好，而只想在現狀之下，求個苟安，或者撈摸些好處，因而沒有改革的志願；那還講做學問幹甚麼？所以對於現狀的不滿，乃是治學問者，尤其是治社會科學者真正的動機。此等願望，誠然是社會進

步的根源；然欲遂行改革，非徒有熱情，便可濟事，必須有適當的手段；而這個適當的手段，就是從社會科學裏來的。社會的體段太大了，不像一件簡單的物事，顯豁呈露地擺在我們面前，其中深曲隱蔽之處很多，非經現代的科學家，用科學方法，仔細搜羅，我們根本還不知道有這回事，即使覺得有某項問題，亦不會知其癥結之所在。因而我們想出來的對治的方法，總像斯賓塞在《群學肄言》裏所說的：「看見一個銅盤，正面凹了，就想在其反面凸出處打擊一下，自以為對症發藥，而不知其結果只有更壞。」發行一種貨幣，沒有人肯使用，就想用武力壓迫，就是這種見解最淺顯的一個例子。其餘類此之事還很多，不勝枚舉，而亦不必枚舉。然則沒有科學上的常識，讀了歷史上一大堆事實的記載，又有何意義呢？不又像我從前讀書，只是讀過一遍，毫無心得了麼？所以治史而能以社會科學為根柢，至少可以比我少花兩三年功夫，而早得一些門徑。這是現在治史學的第一要義，不可目為迂腐而忽之。

對於社會科學，既有門徑，即可進而讀史，第一步，宜就近人所著的書，揀幾種略讀，除本國史外，世界各國的歷史，亦須有一個相當的認識；因為現代的歷史，真正是世界史了，任何一國的事實，都不能撇開他國而說明。既然要以彼國之事，來說明此

國之事，則對於彼國既往之情形，亦非知道大概不可。況且人類社會的狀態，總是大同小異的：其異乃由於環境之殊，此如夏葛而冬裘，正因其事實之異，而彌見其原理之同。治社會科學者最怕的是嚴幾道所說的「國拘」，視自己社會的風俗制度為天經地義，以為只得如此，至少以為如此最好。此正是現在治各種學問的人所應當打破的成見，而廣知各國的歷史，則正是所以打破此等成見的，何況各國的歷史，還可以互相比較呢？

四、職業青年的治學環境

專治外國史，現在的中國，似乎還無此環境；如欲精治中國史，則單讀近人的著述，還嫌不夠，因為近人的著述，還很少能使人完全滿意的，況且讀史原宜多覓原料。不過學問的觀點，隨時而異，昔人所欲知的，未必是今人所欲知，今人所欲知的，自亦未必是昔人所欲知。因此，昔人著述中所提出的，或於我們為無益，而我們所欲知的，昔人或又未嘗提及。

居於今日而言歷史，其嚴格的意義，自當用現代的眼光，供給人以現代的知識，否則雖卷帙浩繁，亦只可稱為史料而已。中國人每喜以史籍之豐富自誇，其實以今日之眼光衡之，亦只可稱為史料豐富。

史料豐富，自然能給專門的史學家以用武之地，若用來當歷史讀，未免有些不經濟，而且覺得不適合。但是現在還只有此等書，那也叫沒法，我們初讀的時候，就不得不多費些功夫。於此，昔人所謂「門徑是自己讀出來的」，「讀書之初，不求精詳，只求捷速」，「讀書如略地，非如攻城」，仍有相當的價值。

閱讀之初，仍宜以編年史為首務，就《通鑑》一類的書中，任擇一種，用走馬看花之法，匆匆閱讀一過。此但所以求知各時代的大勢，不必過求精細。做這一步工夫時，最好於歷史地理，能夠知道一個大概，這一門學問，現在亦尚無適當之書，可取《(讀史) 方輿紀要》，讀其全書的總論和各省各府的總論。讀時須取一種歷史地圖翻看。這一步工夫既做過，宜取《三通考》，讀其田賦、錢幣、戶口、職役、征榷、市糴、土貢、國用、選舉、學校、職官、兵、刑十三門。

歷史的根柢是社會，單知道攻戰相殺的事，是不夠的，即政治制度，係表面的設施。政令的起原（即何以有此政令），及其結果（即其行與不行，行之而為好為壞），其原因總還在於社會，非了解社會情形，對於一切史事，可說都不能真實了解的。從前的史籍，對於社會情形的記述，大覺闕乏。雖然我們今日，仍可從各方面去搜剔出來，然而這是專門研究

的事，在研究之初，不能不略知大概。這在舊時的史籍中，惟有敘述典章制度時，透露得最多。所以這一步工夫，於治史亦殊切要。

此兩步工夫都已做過，自己必已有些把握，其餘一切史書，可以隨意擇讀了。正史材料，太覺零碎，非已有主見的人，讀之實不易得益，所以不必早讀。但在既有把握之後讀之，則其中可資取材之處正多。正史之所以流傳至今，始終被認為正史者，即由其所包者廣，他書不能代替之故。但我們之於史事，總只能注意若干門，必不能無所不包。讀正史時，若能就我們所願研究的事情，留意採取，其餘則只當走馬看花，隨讀隨放過，自不慮其茫無津涯了。

考據的方法，前文業經略說，此中惟古史最難。因為和經子都有關涉，須略知古書門徑，此須別為專篇乃能詳論，非此處所能具陳。

學問的門徑，所能指出的，不過是第一步。過此以往，就各有各的宗旨，各有各的路徑了。我是一個專門讀書的人，讀書的工夫，或者比一般人多些，然因未得門徑，繞掉的圈兒，亦屬不少。現在講門徑的書多了，又有各種新興的科學為輔助，較諸從前，自可事半功倍。況且學問在空間，不在紙上，讀書是要知道宇宙間的現象，就是書上所說的事情；而書上所說的事情，也要把它轉化成眼前所見的事情。如

此，則書本的記載，和閱歷所得，合同而化，才是真正的學問。昔人所謂「世事洞明皆學問，人情練達即文章」，其中確有至理。知此理，則閱歷所及，隨處可與所治的學問相發明，正不必兢兢於故紙堆中討生活了。所以職業青年治學的環境，未必較專門讀書的青年為壞，此義尤今日所不可不知。

第 二 章

創新體例的中國通史

　　近代中國學者寫過不少中國通史著作，雖各具特色，但有新意和創見的並不多見，而呂思勉所撰的兩種通史，分別為不同程度的讀者提供了學習門徑和進修階梯。第一種是 1920 年代出版的《白話本國史》，深入淺出；第二種是 1940 年代出版的《中國通史》，條理分明。

　　為了對上述兩種通史有較透切的認識，以下先介紹二十世紀前期一些著名學者所寫的中國通史著作，藉此反映清朝結束後出現的時代現象，以及學界力求擺脫舊觀念的若干新趨向。應予特別指出，內容詳細深淺各異，主要是基於讀者的需求，以同一人而撰述兩種通史是有相當難度的。

　　現時所見的呂思勉著作，新舊版本眾多，程度深淺不一，有時難免令人眼花繚亂，不知如何選擇，不察有無重複。按照呂思勉編寫各種書籍的對象和初

衷，可以大致分為初中程度（初階）、高中程度（中階）、大學程度（高階）和研究程度（進階），再歸類為主要著作和相關著作，讀者依照所需程度和興趣選書，教師考慮學生水平作出推介，就不致於茫無頭緒、無所適從了。

版本的選擇也很重要，或為初版影印，或為重新排版；有的是單行本，書名仍舊（也有更改題目的）；有的是合編本，書名另起；香港、台灣出版的都是繁體字本，中國內地出版的多是簡體字本。讀者可盡量因應自己的需要，選取工整合用的本子。（表 3）

表 3　呂氏著作階梯閱讀法提示

程度	主要著作	相關著作
初中程度 （初階）	《初中標準教本本國史》《初中本國史》	《蘇秦張儀》《關岳合傳》《初中本國史補充讀本》
高中程度 （中階）	《新學制高級中學教科書本國史》《復興高級中學教科書本國史》	《三國史話》《高中復習叢書本國史》
大學程度 （高階）	《呂著中國通史》上、下冊 《白話本國史》上、下冊	《中國社會史》《中國民族史》《中國近代史八種》《國恥小史》《日俄戰爭》
研究程度 （進階）	《先秦史》《秦漢史》《兩晉南北朝史》《隋唐五代史》	《呂思勉讀史札記》《呂思勉史學與史籍》《呂思勉論學叢稿》

第一節 中國通史著述的特色

中國通史的撰述，早期有呂思勉的《白話本國史》和《中國通史》，鄧之誠的《中華二千年史》，陳恭祿的《中國史》，繆鳳林的《中國通史綱要》，張蔭麟的《中國史綱》，周谷城的《中國通史》，錢穆的《國史大綱》等，其中有些是未完之作。在抗日戰爭時期出版的不下一二十種，而且多是名家著述。（表4）

表4　抗戰時期出版的中國通史著作

編著者	書名	冊數	出版社	出版年份
周谷城	《中國通史》	二冊	開明書店	1939
金兆豐	《中國通史》	一冊	中華書局	1939
陳恭祿	《中國史》	二冊	商務印書館	1940
錢穆	《國史大綱》	二冊	商務印書館	1940
呂思勉	《中國通史》	二冊	開明書店	1940－1944
范文瀾	《中國通史簡編》	三冊	新華出版社	1942
金毓黻	《中國史》	一冊	正中書局	1942
繆鳳林	《中國通史要略》	一冊	商務印書館	1943
吳澤	《中國歷史簡編》	一冊	峨嵋出版社	1945

顧頡剛強調呂思勉「以豐富的史識與流暢的筆調來寫通史，方為通史寫作開一個新的紀元」。顧氏首論《白話本國史》四冊，認為「書中雖略有可議的地方，但在今日尚不失為一部極好的著作」。至於《中國通史》二冊，「其體裁很是別致，上冊分類專述文化現象，下冊則按時代略述政治大事，敘述中兼有議論，純從社會科學的立場上，批評中國的文化和制度，極多石破天驚之新理論」。[1] 顧頡剛在談到中國斷代史研究的成績時，亦予指出：

> 通史的寫作，非一個人的精力所能勝任，而中國歷史上需待考證的問題又太多，因此最好的辦法，是分工合作，先作斷代的研究，使其精力集中於某一個時代，作專門而精湛的考證論文，如是方可產生一部完美的斷代史，也更可以產生一部完成的通史。[2]

換句話說，中國通史和斷代史是相輔相成的，一個好的斷代史家，也可以是好的通史作者。顧氏特別強調，呂思勉的《秦漢史》「為極偉大的新式斷代史」。[3]

第二節　風行一時的《白話本國史》

呂思勉著《白話本國史》，1923 年商務印書館出版。此書之目的，是想為青年學生提供學習中國歷史的「門徑之門徑，階梯之階梯」，其特點有四：第一，是頗有用新方法整理舊國故的精神；第二，是着重開示研究歷史的門徑和提供必要的歷史常識；第三，是切實指示進一步習讀史書的門徑；第四，是着重講究條理系統，注意社會歷史變遷進化。

書中根據社會歷史變遷進化的觀點，將中國歷史劃分為六個時期：

1. 上古（秦以前）；
2. 中古（秦漢至盛唐）；
3. 近古（唐代安史之亂至南宋滅亡）；
4. 近世（元明至清代中期）；
5. 最近世（從西風東漸至辛亥革命）；
6. 現代（辛亥革命以後）。

關於上古時代，書中尤有獨特見解，例如對盤古的記述，對堯、舜、禹及周公的評價，都自成一說，決不盲從儒家經典之說，而是大膽懷疑，經過細緻的考證，從而得出較為客觀的結論。[4]

呂思勉認為，春秋戰國時代社會經濟的變遷，首先由於貴族的侵佔自私，破壞了井田制，佔有了名

山大澤；復因商業的發達，社會上貧富分化加劇，於是產生了兩個結果：其一，是貴賤階級破而貧富階級起；其二，是共有財產的組織全壞，自由競爭的風氣大開。這樣的大變遷，是三代以前和秦漢以後社會的一大界限。論者已予指出，呂思勉在中國古代社會研究中，掌握了關鍵，因而有創新見解。他還認為，秦漢以後中國社會長期沒有根本變化，是由於生產方法和生產社會組織始終沒有變更之故，從而觸及中國封建社會長期停滯的問題。呂氏採用新方法、新觀點的精神，於此可見。[5]

呂思勉在書中強調，中國是一個多民族的國家，並依歷史順序，分別敘述了每個朝代與周圍少數民族的關係。〈中國古代的疆域〉一章，就包括周圍所有少數民族在內，對於少數民族建立的王朝，也同樣稱之為「朝」；不但把北朝看作與南朝對等，而且把遼朝、金朝視為與宋朝對等，並列於〈宋遼金元四朝的政治和社會〉一章之中。呂思勉此一觀點，為當時編寫中國通史開創了新體例。

《白話本國史》以普及歷史知識為主，旨在提點研究歷史的門徑，簡明扼要，深入淺出，在二十世紀二三十年代成為發行量最大的一部中國通史，曾經長期作為大學用書，影響廣泛而深遠，同時還推動了用新語體撰寫中國通史的風氣，顧頡剛讚揚呂氏此書以

「豐富的史識與流暢的筆調來寫通史，方為通史寫作開一個新的紀元」。[6]

呂思勉還編有高中、初中各級中國史教科書和相關教材，包括：

一、呂思勉（原題呂誠之）著作《本國史》（上海：商務印書館，1924年），是「新學制高級中學教科書本國史」，內容分為十編：上古史、中古史（上、中、下）、近古史（上、下）及近世（上、下），是一部較通俗的通史。

二、呂思勉著《本國史》（上海：商務印書館，1925年），以問答形式敘述歷史，內容分為上古、中古、近代、現代八章，共347問。有1943年重慶訂正版。

三、其他，計有《復興高級中學教科書本國史》（上海：商務印書館，1934年）、《高中復習叢書本國史》（上海：商務印書館，1935年）、《初中本國史》及《初中本國史補充讀本》（上海：中學生書店，1946年）。

如上所述，呂思勉編著的《本國史》教科書，有多個不同版本，如非用來作為研究，不必逐套加以比較。現時流通和方便使用的一個版本，是《呂思勉講中國史》（香港：商務印書館，2017年）。〈例言〉說，1924年出版的《新學制高中本國史教科書》係用文言，敘述力求揭舉綱要，措語較為渾括，讀之遂覺其

過深。因此改用白話，敘述力求其具體，少作概括之辭，較前書為便利。對於中國史的分期法，遵照教育部所定的《教材大綱》。[7]

全書共有六編：

第一編「緒論」分四章，依次為〈歷史的定義和價值〉、〈我國民族的形成〉、〈中國疆域的沿革〉和〈本國史時期的劃分〉。

第二編「上古史」，有十四章，首先是〈我國民族的起源〉和〈太古的文化和社會〉，接着講唐虞、夏代、商代、周初的政治，春秋霸業、戰國七雄、春秋戰國的學術思想和政制改革等，〈古代的封建制度〉、〈我國民族的滋大〉、〈中原文化的廣播和疆域的拓展〉、〈上古的社會〉等章均具新意。

第三編「中古史」，由秦漢至元明，凡四十七章，內容包括政治、制度、武功、對外交通、學術和文藝、宗教、民族關係等。

第四編「近代史」，由明清之際歐人東來至清末憲政運動，舉凡內政與外交、內憂與外患均予交代，以及歷述清代制度、學術、社會。

第五編「現代史」，由孫中山與清季革命運動講起，敘述了民國初年的政局和外交，〈現代的經濟和社會〉、〈現代的教育和學術〉兩章有總括性。共二十二章，可讀性很高，以編著者所處時代的政事寫

入歷史，不是一般歷史學者可以冀及的。

第六編「結論」有兩章：一是〈我國民族發展的回顧〉，二是〈中國對於世界的使命〉。呂思勉引羅素之言：「西洋人的長處，在於科學的方法。東洋人的長處，在於合理的生活。」科學的方法是中國人所闕乏，人與人相處之道亦不可以不講。「中國人的對物，允宜效法西洋，西洋人的對人，亦宜效法中國。這兩種文化，互相提攜、互相矯正，就能使世界更臻於上理，而給人類以更大的幸福。採取他人之所長，以補自己的所短；同時發揮自己的所長，以補他人之所短。這就是中國對於世界的使命」。[8]

概括地說，讀呂思勉的中國通史著作，不妨先由《呂思勉講中國史》讀起，然後讀他的《白話本國史》，進而讀他的《中國通史》上、下冊，由淺入深，循序漸進，可收事半功倍之效。（表5）

表5　呂氏中國通史階梯閱讀法提示

- 初階／第一段：(1)《本國史》

合刊本・文集本
《呂著中小學教科書五種》上、下
《白話本國史》上、下
《呂著中國通史》
《呂思勉講中國史》

- 中階／第二段：(2)《白話本國史》

- 高階／第三段：(3)《中國通史》上、下冊 ➡ 斷代史著作

第三節 《呂著中國通史》的經緯

　　呂思勉著《中國通史》上、下冊，抗日戰爭期間由開明書店出版（1940－1944），是適應當時大學教學需要而編撰的中國通史著作，其後的刊本也有題為《呂著中國通史》的。[9] 此書上冊分門別類，對社會經濟制度、政治制度、文化學術的發展有系統地加以說明；下冊按歷史順序，對政治史的變革作有條理的敘述。總共三十五萬字，可視為《白話本國史》的進階讀物。

　　具體來說，《中國通史》上冊有十八章，介紹了中國自古以來各方面的歷史沿革，包括政體、官制、選舉、賦稅、兵制、實業、貨幣、教育、語文、學術、宗教等，其中如婚姻、族制、階級、財產、衣食、住行等，都是以往歷史書缺乏系統記載的，呂思勉都作了開創性的研究，而且有不少真知灼見。[10]例如〈衣食〉一章講「食」的起源，認為可分為三種：其一，在較寒冷或多山林的地方從事狩獵，以食鳥獸之肉為主；其二，在炎熱或植物茂盛的地方，以草木之食為主；其三，在河湖的近旁，則食魚。遠古中國的人們以植物為食品，古人「蔬食」，學會了種植，並由此發明用草藥治療疾病，大大造福了後人。[11]

　　呂思勉在〈貨幣〉一章中認為，前人所說，因

佛事消耗以致黃金由多變少，並不是確實的。漢代黃金賞賜數量很大，是由於黃金集中在官府，其後不見這種情況，是因為黃金分散在民間。王莽時金價五倍於銀，一千三百年後，到明代洪武初年依然是這個比價，足見並非黃金真的少了，只是分散而見其少而已。[12]

《中國通史》下冊有三十六章，首先說明中國民族之由來、中國史的年代和古代的開化，繼而敘述夏殷西周的事跡、春秋戰國的競爭和秦國的統一，接着是古代對於異族的同化和古代社會的綜述。關於秦漢，有〈秦朝治天下的政策〉、〈秦漢間封建政體的反動〉、〈漢武帝的內政外交〉、〈前漢的衰亡〉、〈新室的興亡〉和〈後漢的盛衰〉；關於魏晉南北朝，有〈後漢的分裂和三國〉、〈晉初的形勢〉、〈五胡之亂〉、〈南北朝的始末〉和〈南北朝隋唐間塞外的形勢〉；隋唐宋元時期，分述隋唐盛世、唐朝中衰、唐朝衰亡和沙陀侵入，而以〈唐宋時代中國文化的轉變〉為關鍵，下接〈北宋的積弱〉、〈南宋恢復的無成〉和〈蒙古大帝國的盛衰〉；明清時期，自〈漢族的光復事業〉開始，縷述明朝、清朝的盛衰，然後把重點落在〈中西初期的交涉〉和〈漢族光復運動〉，清朝衰亂和覆亡之後，以〈革命途中的中國〉為言，結語強調：

在經濟上，我們是非解除外力的壓迫，更無生息的餘地，資源雖富，怕我們更無餘瀝可沾。在文化上，我們非解除外力的壓迫，亦斷無自由發展的餘地，甚致當前的意見，亦非此無以調和。總之：我們今日一切問題，都在於對外而不在於對內。[13]

在閱讀《呂著中國通史》之前，宜先就其〈緒論〉瀏覽一過。呂思勉指出：「我這一部書，取材頗經揀擇，說明亦力求顯豁。頗希望讀了的人，對於中國歷史上重要的文化現象，略有所知；因而略知現狀的所以然；對於前途，可以豫加推測；因而對於我們的行為，可以有所啟示。」[14]

呂思勉後來在提到《中國通史》時，謂「此書下冊僅資聯結，上冊農工商、衣食住兩章，自問材料尚嫌貧薄，官制一章，措詞太簡，學生不容易明瞭，餘尚足供參考。」[15] 讀者披閱呂氏此書時，宜加注意。

總括而言，初中、高中程度的中國歷史課程，一般以政治史為主要內容，在必要時才兼講些少文化史知識。大學程度的中國通史，其編制若仍與中學相同，勢必不免於重複。《呂著中國通史》換一個體例，先講文化史，後講政治史，務使大學生在認識中國文化史之餘，不致於忽略政治事項，是頗為別出心

裁的。呂著中國通史三種的編次安排各具特色，於此
明白可見。（表6）

表6　呂氏中國通史三種的比較

書名	1.《本國史》	2.《白話本國史》	3.《中國通史》
說明	以《呂思勉講中國史》為代表	有一卷本和兩卷本（上、下冊）	亦稱《呂著中國通史》上、下冊
內容	分為緒論、上古史、中古史、近代史、現代史、結論六編	根據社會歷史變遷進化的觀點，將中國歷史劃分為上古、中古、近古、近世、最近世、現代六個時期	上冊十八章，分述中國各方面的歷史沿革；下冊三十六章，由中國民族的由來說到清朝滅亡之後的政局
特色	集初中、高中各級中國歷史教科書的精華	開創以語體文撰寫中國通史之先河	按分門別類和歷史順序對文化史、政治史作有條理的敘述

註釋:

[1]　顧頡剛著《當代中國史學》（南京：勝利出版公司，1947 年；香港：龍門書店，1964 年影印本），頁 85。

[2]　同上註，頁 88。

[3]　同上註，頁 90。

[4]　劉凌、吳士余主編《中國學術名著大詞典‧近現代卷》（上海：漢語大詞典出版社，2000 年），張文建〈白話本國史〉條，頁 528－529。

[5]　同上註，頁 529。

[6]　顧頡剛著《當代中國史學》，頁 85。

[7]　呂思勉著《呂思勉講中國史》（香港：商務印書館，2017 年），〈例言〉，頁 i－iv。

[8]　《呂思勉講中國史》，頁 334－335。

[9]　上海開明書店於 1939 年出版了周谷城著《中國通史》，與呂思勉著《中國通史》同名，為免引起讀者混淆，後者重印時改題《呂著中國通史》。以「呂著」冠名，遂成特色。

[10]　《二十世紀中國學術要籍大辭典》（北京：中共中央黨校出版社，1993 年），王克奇〈中國通史〉條，頁 456。

[11]　呂思勉著《中國通史》上冊（香港：上海印書館，1969 年影印本），第十三章〈衣食〉，頁 233－251。

[12]　呂思勉著《中國通史》上冊，第十二章〈貨幣〉，頁 218－232。

[13]　呂思勉著《中國通史》下冊，第五十四章〈革命途中的中國〉，頁 555。

[14]　呂思勉著《中國通史》上冊，〈緒論〉，頁 7。

[15]　呂思勉〈自述〉，《呂思勉學術文集》，頁 385。

呂著選讀

怎樣讀中國歷史

本篇原載《出版週刊》第 102 期（1935 年）

一、讀史與今日之需

幼時讀康南海的《桂學答問》，就見他勸人閱讀全部正史。去年（1934 年）章太炎在上海各大學教職員聯合會演講，又有這樣的話：「文化二字，涵義至廣，遽數之，不能終其物。方今國步艱難，欲求文化復興，非從切實方面言之，何能有所成功？歷史譬如一國之賬籍，為國民者豈可不一披自國之賬籍乎？以中國幅員之大，歷年之久，不讀史書及諸地方志，何能知其梗概？史書文義平易，兩三點鐘之功，足閱兩卷有餘，一部二十四史，三千二百三十九卷，日讀兩卷，一日不脫，四年可了，有志之士，正須以此自勉。」

誠然，中國的正史材料是很豐富的，果能知其梗概，其識見自與常人有異，然康、章二氏之言，究係為舊學略有根底者言之。若其不然，則：

① 正史除志以外，紀傳均以人為單位，此法係沿襲《史記》。此體創自《史記》，實不能為太史公咎，因其時本紀、世家、列傳材料各有來路，不能合

併，且本紀、世家與列傳實亦不甚重複。而後世史事的範圍擴大了，一件較大的事，總要牽涉許多人，一事分屬諸篇，即已知大要的人，尚甚難於貫穿，何況初學？

② 即以志論，典章制度，前後相因，正史斷代為書，不能窮其因果，即覺難於了解。況且正史又不都有志，那麼一種制度，從中間截去一節，更覺難於了解了。所以昔人入手，並不就讀正史。關於歷代大事，大抵是讀編年史的，亦或讀紀事本末。至於典章制度，則多讀《通考》及《通志》之《二十略》，此法自較讀正史為切要。

③ 惟現在讀史的眼光和前人不同了。前人所視為重要的事，現在或覺其不甚重要，其所略而不及的事，或者反而渴望知道他。所以現在的需要和前人不同，不但是書的體裁，即編纂方法問題，實亦是書之內容，即其所記載的事實問題。

如此則但就舊日的書而權衡其輕重先後，實不足以應我們今日的需要了。

二、讀中國歷史的三大門檻

然則學習中國歷史，應當怎樣進行呢？

現在人的眼光和前人不同之處，根本安在？ 一

言以蔽之，曰：由於前人不知社會之重要。一切事，都是社會上的一種現象。研究學問的人，因為社會上的現象太複雜了，而一個人的精力有限，乃把他分門別類，各人研究一門，如此即成為各種社會科學。為研究的方便，可以分開論，然而實際的社會，則是一個，所以各種現象仍是互相牽連的，實在只是一個社會的各種「相」。非了解各種「相」，固然無從知道整個的社會；而非知道整個的社會，亦無從知道其各種「相」，因而史學遂成為各種社會科學的根柢，而其本身又待各種社會科學之輔助而後明。因為史學有待於各種科學之輔助而後明，史乃有專門、普通之分。專門的歷史，專就一種現象的陳跡加以研究；普通的歷史，則綜合專門家研究所得的結果，以說明一地域、一時代間一定社會的真相。嚴格言之，專門的歷史還當分屬於各科學之中，惟普通的歷史乃足稱為真正之歷史。因為史學的對象，便是整個的過去的社會，但是專門的研究不充分，整個社會的情形亦即無從知道。而在今日，各個方面的歷史情形實尚多茫昧，因此，專門及特殊問題的研究極為重要，史家的精力耗費於此者不少。

　　以上所述為現代史學界一般的情形。至於中國歷史，則材料雖多，迄未用科學的眼光加以整理，其紊亂而缺乏系統的情形，自較西歐諸國為尤甚。所以

①刪除無用的材料，②增補有用的材料，③不論甚麼事情，都要用科學的眼光來加以解釋，實為目前的急務。但這是專門研究家所有之事，而在專門研究之先，必須有一點史學上的常識，尤為重要。

研究學問有一點和做工不同。做工的工具，是獨立有形之物，在未曾做工以前，可先練習使用。研究學問的工具則不然，他是無形之物，不能由教者具體的授與。對學者雖亦可以略為指點，但只是初步的初步，其餘總是學者一面學，一面自己體會領悟而得的。善教的人，不過隨機加以指導。所以研究工具的學習，即是學問初步的研究。當然，工具愈良，做出來的成績固然愈好，亦惟前人所做的成績愈好，而其給與我們的手段乃愈良。前此的歷史書，既然不能盡合現在的需要，我們現在想借此以得研究歷史的工具，豈不很困難？然而天下事總是逐漸進步的，我們不能坐待良好的歷史書，然後從事於研究，前此的歷史書雖明知其不盡合於今日我們的需要，而亦不能不藉以為用，所以當我們研究之先，先有對舊日的史部作一鳥瞰之必要。

歷史書有立定體例、負責編纂的，亦有僅搜集材料以備後人採用的。關於前者，其範圍恆較確定，所以駁雜無用的材料較少；在彼劃定的範圍內，搜輯必較完備，所採用的材料亦必較正確。後者卻相反。

所以讀歷史書，宜從負責編纂的書入手。其但搜輯材料以備後人來擇用的書，則宜俟我們已有採擇的能力，已定採擇的宗旨後，才能去讀。昔人所視為重要的事項，固然今人未必盡視為重要，然而需要的情況不能全變，其中總仍有我們所視為重要的，即仍為今日所宜讀。然則昔時史家所視為最重要的，是甚麼呢？

關於此，我以為最能代表昔時史家的意見的，當推馬端臨《文獻通考序》。他把歷史上的重要現象，概括為①理亂興衰、②典章經制兩端，這確是昔時的正史所負責搜輯的。不過此處所謂正史是指學者所認為正史者而言，不指功令所定。我們今日的需要，固然不盡於此，然這兩端，確仍為今日所需要。把此項昔人所認為重要而仍為我們今日所需要的材料，先泛覽一過，知其大概，確是治中國歷史者很要緊的功夫。

但是今日所需要，既不盡同於昔人所需要，則今日所研究，自不能以昔人所認為重要者為限，補充昔人所未備，又是今日治中國歷史者很緊要的功夫。

固然研究的工具，是要隨着研究而獲得的，但是當研究之前，所謂初步的門徑，仍不可不略事探討，這又是一層功夫。

三、讀史三法

(一) 對舊史要泛濫知其大概

請本此眼光,以論讀中國歷史書的具體方法:

關於第一個問題,正史暫可緩讀。歷代理亂興衰的大要,是應首先知道的。關於此,可讀《資治通鑑》、《續通鑑》(畢沅所編)、《明紀》或《明通鑑》。此類編年史,最便於了解各時代的大勢。如慮其不能貫串,則將各種紀事本末置於手頭,隨時檢查亦可。但自《宋史紀事本末》以下,並非據《續通鑑》等所作,不能盡相符合而已。清代之史,可姑一讀蕭一山《清朝通史》,此書亦未出全,可再以近人所編中國近世史、近百年史等讀之。典章經制,可選讀《文獻通考》中下列十三門:①田賦,②錢幣,③戶口,④職役,⑤征榷,⑥市糴,⑦土貢,⑧國用,⑨選舉,⑩學校,⑪職官,⑫兵,⑬刑。如能將《續通考》、《清通考》、劉錦藻《續清通考》,均按此門類讀完一遍最好。如其不然,則但讀《通考》,知道前代典章經制重要的門類,然後隨時求之亦可。此類史實,雖然所記的多屬政事,然而社會的情形,可因此而考見的頗多。只要有眼光,隨處可以悟入。若性喜研究這一類史實的人,則《通志·二十略》除六書、七音、草木、昆蟲、氏族,為其所自創,為前此正史之表

及《通典》、《通考》所無外，餘皆互相出入，亦可一覽，以資互證。

歷史地理，自然該知道大略。此事在今日，其適用仍無逾於清初顧祖禹的《讀史方輿紀要》的。此書初學，亦可不必全讀。但讀其歷代州郡沿革，且可以商務《歷代疆域形勢一覽圖》對讀。此圖後附之說，亦係抄撮顧書而成，次讀其各省各府之總論，各縣可暫緩。

歷代的理亂興衰，以及典章經制，昔人所認為最重要的，既已通知大略，在專研歷史的人，即可進讀正史。因為正史所記，亦以此兩類事為最多。先已通知大略，就不怕其零碎而覺得茫無頭緒了。

正史卷帙太繁，又無系統，非專門治史的人，依我說，不讀也罷。但四史是例外。此四書關涉的範圍極廣，並非專門治史的人才有用，讀了決不冤枉。至於專門治史的人，則其不可不讀，更無待於言了。工具以愈練習使用而愈精良。初讀正史之時，原只能算是練習。四史者，正史中為用最廣，且文字優美，讀之極饒興趣，又係古書，整理起來，比後世的書略難，借此以為運用工具的練習，亦無不可的。

既讀四史之後，專治國史的人，即可以進讀全史。全史卷帙浩繁，不可望而生畏，卷帙浩繁是不足懼的，倒是太簡的書不易讀。只要我們有讀法，讀法

如何，在乎快，像略地一般，先看一個大略。這是曾滌生讀書之法。專門治史的人，正史最好能讀兩遍，如其不然，則將《宋書》、《齊書》、《梁書》、《陳書》、《魏書》、《北齊書》、《北周書》和《南史》、《北史》分為兩組；《新唐書》、《舊唐書》、《新五代史》、《舊五代史》亦分成兩組，第一遍只讀一組亦可。《宋書》、《齊書》、《梁書》、《陳書》、《魏書》、《北齊書》、《北周書》和《南史》、《北史》大體重複，《新唐書》、《舊唐書》、《新五代史》、《舊五代史》實在大不相同。正史包含的材料太多，斷不能各方面都精究，總只能取其所欲看。看第一遍的時候，最好將自己所要研究的用筆圈識；讀第二遍時再行校補。如此讀至兩遍，於專治國史的人受用無窮。

正史的紀傳太零碎了，志則較有條理。喜歡研究典章經制的人，先把志讀得較熟，再看紀傳，亦是一法。因為於其事實，大體先已明瞭，零碎有關涉的材料自然容易看見了。陳言夏的讀史即用此法。

正史中無用的材料誠然很多，讀時卻不可跳過，因為有用無用，因各人的見解而不同。學問上的發明，正從人所不經意之處悟人，讀書所以忌讀節本。況且看似無用，其中仍包含有用的材料，或易一方面言之，即為有用。如《五行志》專記怪異，似乎研究自然科學如天文、地質、生物、生理等人才有

用，然而五行災異亦是一種學說，要明白學術宗教大要的人，豈能不讀？又如《律曆志》似更非常人所能解，然而度量衡的制度，古代紀年的推算；都在《漢書·律曆志》中；而如《明史·曆志》則包含西學輸入的事實，亦豈可以不讀？近來所出的正史選本，我真莫明其是據何標準，又有人說，正史可以依類刊行，如《食貨志》歸《食貨志》，《四裔傳》歸《四夷傳》之類，經人辯駁之後，則又說可將各類材料輯成類編，那更言之太容易了。

（二）以經、子證史，補充昔人所未備

關於第二個問題，昔時史部的書不能專恃，必藉他部或近來新出之書補正的，莫如古史和四裔兩門。

古史的初期本與史前時代銜接，這時候本無正確的歷史，只有荒渺的傳說，非有現代科學的知識，斷乎無從整理，所以宜先讀社會科學的書。如林惠祥的《文化人類學》、陶孟和所譯《社會進化史》似頗適用。古史較晚的材料，多存於經、子中。經、子雖卷帙無多，然解釋頗難，合後人注疏考訂之書觀之，則卷帙並不算少，且頗沉悶。而且經學又有今文、古文等派別，《書經》又有《偽古文》，如不通曉，則觸處都成錯誤，所以因治古史而取材於經、子，對

經、子的本身，仍有通曉其源流派別之必要。關於此，拙撰《經子解題》，入手時似可備一覽。

為治古史而讀經、子，第一步宜看陳立《白虎通義疏證》、陳壽祺《五經異義疏證》。前者是今文家經說的結晶，而亦是古史的志。後者則今古文兩家重要的異點已具於是。讀此之後，再細讀《禮記·王制》一篇和《周官》全部的注疏，則於今古文派別已能通曉，古代的典章經制亦可知其大要，並古代的社會情形亦可推知其大概了。

大抵古代學問，多由口耳相傳，故其立說之異同，多由學派之歧異，往往眾說紛歧，實可按其派別分為若干組。若能如此，則殘缺不全之說，得同派之相證而益明，而異派立說之不同，亦因此而易於折衷去取。

派別之異，最顯而易見的，為漢代之古今文經說，然其說實導自先秦，故此法不但可以治漢人的經說，並可以之治經之正文，不但可以治經，並可推之以治子。分別今古文之法，以廖季平先生為最後而最精，其弟子蒙文通乃推之以治古史，其所撰《經學抉原》、《古史甄微》兩種必須一覽。其結論之可取與否，是另一問題，其方法則是治古史的人必須採取的。

編纂周以前歷史的人，自古即很多，但於今多

佚。現存的書，以宋羅泌的《路史》所包含的材料為最富，劉恕的《通鑑外紀》亦稱精詳。清代馬驌的《繹史》亦稱詳備，可備翻檢而助貫串。因其書係用紀事本末體。

外國有自己的歷史。從前中國和他們的交通不甚密切，所傳不免缺漏錯誤，此等在今日，不能不用他們自己的記載來補正，無待於言。亦有並無歷史，即靠中國歷史中的資料以構成他們的歷史的，其中又有兩種：一種是他們全無正式史籍的，如北族的大多數和南洋諸國是；另一種是雖有而不足信，反不如中國所存的材料的，如朝鮮、日本、越南的古史是。此一部分中國歷史實為世界之瑰寶，其材料雖舊，而研究的方法則新 —— 不用新方法，簡直可以全無所得。這方面現代人的著作，也不可以不讀，此等著作以外國人的為多，這是因為設備和輔助的科學，外國的研究家所掌握的較為完全之故。近多有譯本，其目不能備舉，可自求而讀之。

關於學術史。昔時專著頗乏，可以學案補之。宋、元、明學案，大略完備。如尚嫌零碎沉悶，拙撰《理學綱要》亦可備一覽。清代則有江藩《漢學師承記》和梁啟超《清代學術概論》。玄學史無佳者，近人所撰哲學史於此都嫌其略。經學史則皮錫瑞《經學歷史》頗為簡要。佛學另係專門，如以史學眼光讀

之，則歐陽潮存所譯《原始佛教思想論》、蔣維喬《中國佛教史》、呂澂《印度佛教史略》、《西藏佛學原論》，似可依次一覽。先秦學術，近人著作甚多，但只可供參證，其要還在自讀原書。

（三）研究方法要現代化

關於第三個問題，讀史的方法，亦宜參考現代人的著述。現代史學的意義，既和前代不同，研究的方法當然隨之而異。生於現代，還抱着從前的舊見解，就真是開倒車了。論現代史學和史學研究法的書，亦以商務所出為最多，其中強半是譯本；自著的亦多係介紹外人之說。惟梁啟超《中國歷史研究法》及《補編》係自出心裁之作，對於史學的意義，自不如外國史學家得科學的輔助者之晶瑩，而論具體的方法則較為親切。商務所出論史學及歷史研究法之書，大致都可看得，不再列舉其名，其中《歷史教學法》一種（美國約翰生·亨利著，何炳松譯），雖編入現代教學名著中，卻於初學歷史之人很有裨益，因其言之甚為詳明，所以特為介紹。中國論史學的學問，當推劉知幾的《史通》、章學誠的《文史通義》。前書大體承認昔人作史之體裁，但於其不精密處加以矯正，讀此對於昔人評論史裁之言，可以易於了解，且可知自唐以前史學的大概情形及唐代史學家的意見。章氏書則

根本懷疑昔人的史裁，想要另行創造，其思想頗與現在的新史學接近。其思力之沉鷙，實在很可欽佩。這是中國史學史上很值得大書特書的事情。關於此兩部書，我很想用現代史學的眼光加以批評比較，再追溯到作者的時代，而解釋其思想之所由來。前者已成，名《史通評》，現由商務印行。後者尚未着手，然亦很想在最近把它完成（此處所說，係指作者後來著成的《文史通義評》，今已編入呂思勉《呂著史學與史籍》，華東師範大學出版社，2002 年版，第 300～340 頁）。

研究的方法必須試行之後，方能真知。抽象的理論，言者雖屬諄諄，聽者終屬隔膜，無已，則看前人所製成的作品，反而覺得親切。昔人詩：「鴛鴦繡出憑君看，不把金針度與人。」又有替他下轉語的說：「金針線跡分明在，但把鴛鴦仔細看。」這兩句詩也真覺親切而有味。此項作品，我以為最好的有兩部：①顧亭林（炎武）的《日知錄》卷八之十三。②趙甌北（翼）之《廿二史札記》。前者貫串群書，並及於身所經驗的事實。後者專就正史之中提要鈎玄組織之，以發明湮晦的事實的真相，都為現在治史學的好模範。

於此還有一言。目錄之書，舊時亦隸史部。此類之書，似乎除專治目錄學者外，只備檢查，無從閱讀。尤其是初學之人無從閱讀。但是舊時讀書有一種

教法，學童在讀書之初，先令其將《四庫書目提要》閱讀一過，使其於學術全體作一鳥瞰，此項功夫我小時尚做過，但集部未能看完。自信不為無益。《四庫書目提要》固然不足盡今日之學術，但於舊學的大概究尚能得十之八九，而此書亦並不難讀，如能泛覽一過，亦很有益的。

以上所論，都係極淺近之語，真所謂門徑之門徑，階梯之階梯。在方家看來，自然不值一笑，然而我以為指示初學的人，不患其淺，但患其陋耳，若因其言之淺，恐人笑其陋而不敢說，則未免拘於門面矣。我的立說雖淺，自信初學的人，或可具體應用。大抵淺而不陋之言，雖淺亦非略有工夫不能道，若乃實無功夫，卻要自顧門面，抄了一大篇書目，說了許多不着邊際的話，看似殫見洽聞，門徑高雅，而實則令人無從下手，此等習氣則吾知免矣。

第 三 章

中國民族史和文化思想

　　二十世紀初年，中國從滿洲人統治的清朝進入強調漢、滿、蒙、回、藏「五族共和」的民國時期，中華民族的形成過程成為一個新課題，探討古代以來中國民族演變和發展的著作相應出現。呂思勉著《中國民族史》，是較早刊行的一種，已具規模，並且提出中國民族三派說，即北派、南派和中間派，三派合流，匯為多元文化的中華民族。近年坊間將此書與呂氏的另一著作《中國民族演進史》合刊，題為《中國民族史兩種》。

　　現時所見的《中國制度史》和《中國社會史》，內容基本上相同，都是呂思勉撰五種制度史小著的合訂本，包括國體制度、政體制度、宗族制度、婚姻制度和階級制度，論述的都是建構中國社會的重大制度，並且分析各種制度在不同時代社會的發展，將中國民族與社會變遷的關係，逐一加以究明。

呂思勉撰寫的中國文化史和政治思想著述雖多，在他生前出版的專書，只有《經子解題》等少數，現時坊間所見的，大部分是由他人輯錄編成。屬於國學著作的，有《群經概要》和上述《經子解題》；綜論文化的有《中國文化史六講》，此書較為普及並受注意；政治思想方面，以《中國政治思想史十講》為主。上述四種著作，均收錄於《中國文化思想史九

表 7　呂著中國民族史和文化思想

類別	書名	合刊本／文集本
民族史	1.《中國民族史》 2.《中國民族演進史》	《中國民族史兩種》
社會制度史	1.《中國國體制度小史》 2.《中國政體制度小史》 3.《中國宗族制度小史》 4.《中國婚姻制度小史》 5.《中國階級制度小史》	《中國社會史》 （又作《中國制度史》）
文化思想史	1.《醫籍知津》 2.《群經概要》 3.《經子解題》 4.《中國文化史六講》 5.《理學綱要》 6.《先秦學術概論》 7.《大同釋義》 8.《中國社會變遷史》 9.《中國政治思想史十講》	《呂思勉遺文集》上、下 《中國文化思想史》上、下 《呂思勉講中國政治思想史·文化史》 《呂思勉文史四講》

種》（上、下冊）；另外五種，是《醫籍知津》、《理學綱要》、《先秦學術概論》、《大同釋義》和《中國社會變遷史》。（表7）

黃永午記《呂思勉文史四講》，包括〈中國文化史〉和〈國學概論〉，深入淺出，條理分明，讀起來有如聽呂思勉講授一樣。治中國文化史和中國政治思想史，不妨從《群經概要》和《經子解題》入手；有了基礎，然後順着時代逐漸擴大和深入。

第一節　中國民族三派說

呂思勉著《中國民族史》（上海：世界書局，1934年），分別敘述了中國境內十二個民族的源流：

一、漢族──指出此為居住中原地區的主要民族，其語言、習俗、文化等皆自成一體，一脈相承。漢族初居黃河、長江流域，漸向南北西方發展。附錄〈崑崙考〉、〈三皇五帝考〉、〈夏都考〉、〈釋亳〉等文。

二、匈奴──公元前二世紀至公元一世紀時，據今內外蒙古地方，是漢族的強敵。一世紀末，為漢族所破，輾轉西遷，直至歐洲為止，與漢族無甚交涉。附錄〈赤狄白狄考〉、〈山戎考〉、〈長狄考〉、〈秦始皇築長城〉等文。

三、鮮卑──此族似即古所謂析支，散居中國

北部;秦漢時,則在今遼、熱之間。公元前一、二世紀間為匈奴所破,餘眾分保烏桓、鮮卑二山,因以為名。附錄〈鮮卑〉、〈後魏出自西伯利亞〉、〈宇文氏先世〉、〈契丹部族〉等文。

四、丁令——此族後裔之一支,中國人通稱為回,西人則通稱為突厥,皆其後來之分部。其種族之稱,實唯丁令,異譯作敕勒,亦作鐵勒。地在匈奴及西域諸國之北。附錄〈丁令〉、〈丁令居地〉、〈突厥與蒙古同祖〉等文。

五、貉族——古所稱東方君子之國者,實指此族。古貉族居遼、熱、河北之間,自燕開五郡,發展到東北。附錄〈貉族發現西半球說〉。

六、肅慎——此族在古代疑亦近北燕,隨燕之開拓而走向東北。自漢以後,此族居於松花江流域,而黑龍江兩岸亦其種落所在。附錄〈金初官制〉。

七、苗族——此族古稱黎,漢以後稱「俚」(亦作「里」)。其地居正南,故古書多稱為蠻。凡今湖南及貴州沅江上游之地,古所謂蠻者,大抵皆為此族。

八、粵族——百粵散居東南沿海之地,古有文身之俗。此族之程度似較苗族為低,然其所據之地遠較苗族為廣。

九、濮族——此族後稱羅羅,今稱彝族。其地

在苗族以西，貴州西境，雲南東境，四川南境。

十、羌族——此族在今隴蜀之間，以及西康、青海、前藏之境。附錄〈鬼方考〉。

十一、藏族——此族以所居之地閉塞，發展遲緩；然正以此故，其信教之心極篤，佛教衰於印度，遂以此為根據。此族有一特異之俗，曰一妻多夫。

十二、白種——白種人之分佈大都在葱嶺以西，故與中國關係較淺，然彼此往來亦不乏。[1]

陳協恭的〈序〉認為，呂思勉的《中國民族史》既能「貫串全史，觀其會通」，又能「比合史事，發現前人所未知之事實」。書中認為，中國歷史上的民族主要可分三派：（一）匈奴、鮮卑、丁令、貉、肅慎是北派；（二）羌、藏、苗、越、濮是南派；（三）漢族處於中間，與南北兩派逐漸交流和融合。由於漢族及南北各族人民的共同努力，故能大啟文明，創建世界上宏偉的大國。[2]

總的來說，呂思勉此書頗多獨到見解，讀後可以對中國多民族發展的概況，有較全面和深入的認識。相對於同時期出版的其他中國民族史著作，是較具歷史視野而又較為可觀的。呂思勉在〈自述〉中提到《中國民族史》時，認為此書考古處有可取，近代材料不完全，論漢族一篇，後來見解已改變。[3] 我們今天閱讀此書時，是需要加以注意的。

除《中國民族史》外，呂思勉另有一冊《中國民族演進史》(上海：亞細亞書局，1935 年)，列為「基礎知識叢書」，內容分九章，敘述中華民族的起源、形成、統一、對外開拓、所受創痛、現狀及中華民族的復興等問題，是中學生自學讀物。書後附有參考書目、提要及復習問題五十例。現時坊間流通的《中國民族史兩種》，是《中國民族史》和《中國民族演進史》的合刊本。

第二節　中國社會制度沿革

呂思勉撰有五種論述中國重大社會制度的小史，1929 年由上海中山書局分別以單行本形式出版。其後上海教育出版社於 1985 年合印為一冊，名為《中國制度史》。2005 年上海古籍出版社改題《中國社會史》刊行，收入「呂思勉文集」中。2018 年，北京知識產權出版社復以五種單行本形式出版，沿用各書原名，列為「民國小史叢書」。以下是這五種著作的簡介：

1.《中國國體制度小史》

此書主要研究中國古代國體制度的演變，探索

古代中社會如何由部落時代進入封建時代，進而至郡縣時代；書中論述分封建國及郡縣起源，尤為前人所未道。呂思勉認為國家之成，實經過三個時代：（一）部落時代；（二）封建時代；（三）郡縣時代。對於國體，他有以下的見解：

> 論一國之國體，當主其常不主其變，猶之論人之生理者，當主其平時，不當主其病時也。以變態論，自秦以後，分裂之時，亦不為少。然以常理論，則自秦以後，確當謂之統一之國，以分裂之時，國民無不望其統一；而凡分裂之時，必直〔值〕變亂之際，至統一則安定也。[4]

2.《中國政體制度小史》

此書主要論述中國政體如何由部落酋長制逐漸演變為封建君主制，再一躍而為民主政體制。呂思勉指出：

> 我國君主之可考者，始於三皇五帝。三皇之為何人？其繼承之際何如？不可考矣。五帝則據《史記》及《大載〔戴〕禮記》，實出一族。其世次未必可據，而其統系或

不盡誣。[5]

書中又考證唐堯、虞舜禪讓之真相，共和傳說之歧異，以及中國民主思想之根源；對於近人以老子、許行之說附會無政府主義之謬誤，亦有為言。

3.《中國宗族制度小史》

此書主要追溯中國家族制度的根源，探究其變遷，進而討論宗族、姓氏、譜牒的源流，以及家族範圍的大小、繼嗣之法、財產制度、婦女地位等。呂思勉對上述問題，一一窮源竟委，加以分析，集約古代禮制之書而為一小冊。[6]

4.《中國婚姻制度小史》

本書內容從最古老的「雜婚」時代，說到現代的男女關係，論列其變遷，藉此究明中國歷來的婚姻制度。開宗明義，即指出「人類社會之形形色色，千變萬化，無一不自男女之媾合來也。故言社會組織者，必始男女」。[7] 呂思勉又說：

女權之盛衰，於學說頗有關係。學說固不能不隨社會情況而變遷，然其深入乎人人之心者，則亦足以左右習俗。……古代之

思想，在今日雖為少年所排斥，然其義既深入於人人之心，則雖排斥之人，亦有陰受其陶鑄而不自知者。故欲牖民易俗，植基於古代之成說，實最易為力也。吾國學說，男尊女卑，及男女並重之義，可謂同時並存。苟能善用後一義而發揚之，女權之盛昌，固計日可待矣。[8]

5.《中國階級制度小史》

內容主要討論中國階級制度的起源及其種類，如何變化和發展，至今仍有何種遺跡。呂思勉指出：「國人」、「野人」是最古老的階級，游俠是古代武士的繼承，古代之所謂君子，乃道德崇高者之代表；書中論武力、富力階級之遞嬗，尤具慧眼。[9]

必須強調，呂思勉以國體、政體、宗族、婚姻、階級五種制度為脈絡，闡述中國社會變遷，別出心裁，與一般記敘制度史的重點不同，更能掌握歷史發展。

第三節　中國文化與政治思想

1.《中國文化史六講》

呂思勉著《中國文化史六講》，開宗明義，指出「何謂文化，事極難言。追溯文化之由來，而其所以然之故，彌不易矣」。接着對文化和文化史，作了以下的說明：

> 予講文化者，人類理性之成績也。人之舉措，直情徑行者果多，熟思審處者亦自不少。舉措既非偶然，成績必有可睹；一人然，人人從而效之；萬人然，後人率由不越，積久則成為制度，習為風俗。其事不容驟變，而其跡亦不可遽滅。此則所謂文化史者矣。[10]

此書六講依次為：（一）婚姻制度；（二）戶籍階級；（三）財產制度；（四）農工商業；（五）衣食居處；（六）交通通信。

根據原定計劃，六講之後，還有十四講，包括：政體官制、學校選舉、兵制、法律、財政賦稅、文字印刷、先秦學術、兩漢經學、玄學佛學、理學、清學、史學、文學美術、神教。此皆中國社會之舉舉大

端，「非茹荼不能知苦，觀於其粲然者，而其文化可知矣」。[11]

《中國文化史六講》的內容，涵蓋了中國社會史的主要面貌，包括婚姻、宗族、階層、財產，以至各種行業、民生百態、交通與通信等。在引經據典的同時，又能探其源流，詳其變遷，使讀者得到系統的歷史知識。

2.《中國政治思想史》

《中國政治思想史》一書，是 1935 年呂思勉在上海光華大學講授，由他的女兒呂翼仁筆記，然後加以訂補而成。「以閱時甚暫，故所講甚略，特粗引其端而已 。」[12] 此書第一講〈中國政治思想史之分期〉，指出思想總是離不開環境，所以要講政治思想，必先明白其時的政治制度和政治事實，而兩者的變遷，自然影響到政治思想。根據這種眼光，可以把中國政治思想分為四個時期：

第一期——自上古至戰國，這是中國的社會組織發生很大變遷的時期，政治上由部落至實行分封制，以至統一。

第二期——自秦至唐，統一之世所需要的制度，在此時期中逐漸發生，不適宜的制度則逐漸凋謝。

第三期——自宋至清中葉，對此前政治所發生的病象漸覺深刻，有關探討往往能觸及根本問題，這時期的民族問題也比前更為嚴重，要禦侮先要自己整飭，因此又引起內部改革問題。

第四期——自清中葉至現代，中國人與歐洲人接觸，一切思想都起巨大變化，政治思想亦不例外。

呂思勉認為中國政治思想史是頗為難講的，原因有二：（一）政治思想和政治制度不同，政治制度歷代都有記載，即使有缺漏，可以用考據手段去補足；政治思想則存於人的心裏，許多都沒有發表過，就算發表過亦多不免於佚亡，無從稽考。（二）中國是一個政治發達的國家，研究學術的人特別重視政治，關於政治的議論很多，但大都是對實際政務的意見。研究中國的政治思想，要將思想家的學說加以綜合，因其實際的議論而探討其政治上的根本主張，談何容易？[13]

第二講〈中國政治思想史上之兩派〉，概括為進取、保守，「這兩派是都有其確實的根據，都有其正當而充足的理由的」。至於哪一派的勢力較強，自然與其時代有關。[14] 第三、四講，分別敘述上古到戰國的社會變遷和先秦的政治思想；第五、六講，分別闡明秦漢時代的社會和漢代的政治思想；第七至第十講，依次介紹魏晉至宋代以前、宋明、清中葉前、近

代的政治思想。

《呂思勉講中國政治思想史・文化史》（香港：商務印書館，2017年），是上述《中國政治思想史十講》和《中國文化史六講》的合刊本。呂思勉對中國古代文化、制度和思想方面的論述，大抵可見其一斑。不論是撰寫通史抑或斷代，他都以相對平均的篇幅闡述政治史和文化史，認為「理亂興亡」是動的歷史，「典章經制」是靜的歷史，一動一靜，是歷史最主要的內容。政治思想史是貫通政治與典章的脈絡，有其不可忽視的重要性。

註釋：

[1]　呂思勉〈中國民族史總論〉，《呂思勉學術文集》頁 160－164。

[2]　劉凌、吳士余主編《中國學術名著大詞典・近現代卷》，張文建〈中國民族史〉條，頁 574－575。

[3]　呂思勉〈自述〉，《呂思勉學術文集》，頁 395。

[4]　呂思勉著《中國國體制度小史》（北京：知識產權出版社，2018年），頁 73。

[5]　呂思勉著《中國政體制度小史》（北京：知識產權出版社，2018年），頁 9。

[6]　呂誠之著《中國宗族制度史》（上海：龍虎書店，1935 年 4 月增訂版），內題「中國宗族制度小史」，列為「史學叢書」，內容與《中國宗族制度小史》相同。

[7]　呂思勉著《中國婚姻制度小史》（北京：知識產權出版社，2018年），頁 3。

[8]　同上註，頁 98－100。

[9]　呂思勉著《中國階級制度小史》（北京：知識產權出版社，2018年），頁 3。

[10]　呂思勉著《中國文化史六講》，《呂思勉講中國政治思想史・文化史》（香港：商務印書館，2017 年），頁 115。

[11]　同上註。

[12]　呂思勉著《中國政治思想史十講》，《呂思勉講中國政治思想史・文化史》，頁 10。

[13]　同上註，頁 2－4。

[14]　同上註，頁 5。

呂著選讀

本國史緒論
選自《本國史》第一編〈緒論〉第一章至第四章

一、歷史的定義和價值

歷史是怎樣一種學問？究竟有甚麼用處？

從前的人，常說歷史是「前車之鑑」，以為「不知來，視諸往」。前人所做的事情而得，我可奉以為法；所做的事情而失，我可引以為戒。這話粗聽似乎有理，細想卻就不然。世界是進化的，後來的事情，絕不能和以前的事情一樣。病情已變而仍服陳方，豈唯無效，更恐不免加重。我們初和西洋人接觸，一切交涉就都是坐此而失敗的。

又有人說：歷史是「據事直書」，使人知所「歆懼」的。因為所做的事情而好，就可以「流芳百世」；所做的事情而壞，就不免「遺臭萬年」。然而昏愚的人，未必知道顧惜名譽。強悍的人，就索性連名譽也不顧。況且事情的真相，是很難知道的。稍微重要的事情，眾所共知的就不過是其表面；其內幕是永不能與人以共見的。又且事情愈大，則觀察愈難。斷沒有一個人，能周知其全域。若說作史的人，能知其事之真相，而據以直書，那就非愚則誣了；又有一種議

論，以為歷史是講褒貶、寓勸懲，以維持社會的正義的，其失亦與此同。

凡講學問必須知道學和術的區別。學是求明白事情的真相的，術則是措置事情的法子。把舊話說起來，就是「明體」和「達用」。歷史是求明白社會的真相的。甚麼是社會的真相呢？原來不論甚麼事情，都各有其所以然。我，為甚麼成為這樣的一個我？這絕非偶然的事。我生在怎樣的家庭中？受過甚麼教育？共些甚麼朋友？做些甚麼事情？這都與我有關係。合這各方面的總和，才陶鑄成這樣的一個我。個人如此，國家社會亦然。各地方有各地方的風俗；各種人有各種人的氣質；中國人的性質，既不同於歐洲；歐洲人的性質，又不同於日本；凡此都絕非偶然的事。所以要明白一件事情，須追溯到既往；現在是絕不能解釋現在的。而所謂既往，就是歷史。

所以從前的人說：「史也者，記事者也。」這話自然不錯。然而細想起來，卻又有毛病。因為事情多着呢！一天的新聞紙，已經看不勝看了。然而所記的，不過是社會上所有的事的千萬分之一。現在的歷史，又不過是新聞紙的千萬分之一。然則歷史能記着甚麼事情呢？須知道：社會上的事情，固然記不勝記，卻也不必盡記。我所以成其為我，自然和從前的事情，是有關係的；從前和我有關係的事情，都是使

我成其為我的。我何嘗都記得？然而我亦並未自忘其為我。然則社會已往的事情，亦用不着盡記；只須記得使社會成為現在的社會的事情，就夠了。然則從前的歷史，所記的事，能否盡合這個標準呢？

怕不能吧？因為往往有一件事，欲求知其所以然而不可得了。一事如此，而況社會的全體？然則從前歷史的毛病，又是出在哪裏呢？

我可一言以蔽之，說：其病，是由於不知社會的重要。唯不知社會的重要，所以專注重於特殊的人物和特殊的事情。如專描寫英雄、記述政治和戰役之類。殊不知特殊的事情，總是發生在普通社會上的。有怎樣的社會，才發生怎樣的事情；而這事情既發生之後，又要影響到社會，而使之政變。特殊的人物和社會的關係，亦是如此。所以不論甚麼人、甚麼事，都得求其原因於社會，察其對於社會的結果。否則一切都成空中樓閣了。

從前的人不知道注意於社會，這也無怪其然。因為社會的變遷，是無跡象可見的。正和太陽影子的移動，無一息之停，人卻永遠不會覺得一樣。於是尋常的人就發生一種誤解。以為古今許多大人物，所做的事業不同，而其所根據的社會則一。像演劇一般，劇情屢變，演員屢換，而舞台則總是相同。於是以為現在艱難的時局，只要有古代的某某出來，一定能措

置裕如，甚而以為只要用某某的方法，就可以措置裕如。遂至執陳方以藥新病。殊不知道舞台是死的，社會是活物。

所以現在的研究歷史，方法和前人不同。現在的研究，是要重常人、重常事的。因為社會正是在這裏頭變遷的。常人所做的常事是風化，特殊的人所做特殊的事是山崩。不知道風化，當然不會知道山崩。若明白了風化，則山崩只是當然的結果。

一切可以說明社會變遷的事都取他；一切事，都要把他來說明社會的變遷。社會的變遷，就是進化。所以：「歷史者，所以說明社會進化的過程者也。」

歷史的定義既明，歷史的價值，亦即在此。

二、我國民族的形成

民族和種族不同。種族論膚色，論骨骼，其同異一望可知，然歷時稍久，就可以漸趨混合；民族則論語言，論信仰，論風俗，雖然無形可見，然而其為力甚大。同者雖分而必求合，異者雖合而必求分。所以一個偉大的民族，其形成甚難；而民族的大小和民族性的堅強與否，可以決定國家的盛衰。

一國的民族，不宜過於單純，亦不宜過於複雜。過於複雜，則統治為難。過於單純，則停滯不

進。我們中國，過去之中，曾吸合許多異族。因為時時和異族接觸，所以能互相淬礪，採人之長，以補我之短；開化雖早，而光景常新。又因固有的文化極其優越，所以其同化力甚大。雖屢經改變，而仍不失其本來。經過極長久的時間，養成極堅強的民族性，而形成極偉大的民族。

各民族的起源發達，以及互相接觸、漸次同化，自然要待後文才能詳論。現在且先做一個鳥瞰。

中華最初建國的主人翁，自然是漢族。漢族是從甚麼地方遷徙到中國來的呢？現在還不甚明白。既入中國以後，則是從黃河流域向長江流域、粵江流域漸次發展的。古代的三苗國，所君臨的是九黎之族，而其國君則是姜姓。這大約是漢族開拓長江流域最早的。到春秋時代的楚，而益形進化。同時，沿海一帶，有一種斷髮文身的人，古人稱之為越。吳、越的先世，都和此族人雜居。後來秦開廣東、廣西、福建為郡縣，所取的亦是此族人之地。西南一帶有濮族。西北一帶有氐、羌。西南的開拓，從戰國時的楚起，至漢開西南夷而告成。西北一帶的開拓，是秦國的功勞。戰國時，秦西併羌戎，南取巴、蜀，而現今的甘肅和四川，都大略開闢。

在黃河流域，仍有山戎和獫狁，和漢族雜居。獫狁，亦稱為胡，就是後世的匈奴。山戎，大約是東

胡之祖。戰國時代，黃河流域，和熱、察、綏之地，都已開闢。此兩族在塞外的，西為匈奴，東為東胡。東胡為匈奴所破，又分為烏桓和鮮卑。胡、羯、鮮卑、氐、羌，漢時有一部分入居中國。短時間不能同化，遂釀成五胡之亂。經過兩晉南北朝，才泯然無跡。

隋唐以後，北方新興的民族為突厥。回紇，現在通稱為回族。西南方新興的民族為吐蕃，現在通稱為藏族。東北則滿族肇興，金、元、清三代，都是滿族的分支。於是現在的蒙古高原，本為回族所據者，變為蒙古人的根據地，回族則轉入新疆。西南一帶，苗、越、濮諸族的地方，亦日益開闢。

總而言之：中華的立國，是以漢族為中心。或以政治的力量，統治他族；或以文化的力量，感化他族。即或有時，漢族的政治勢力不競，暫為他族所征服，而以其文化程度之高，異族亦必遵從其治法。經過若干時間，即仍與漢族相同化。現在滿、蒙、回、藏和西南諸族，雖未能和漢族完全同化，而亦不相衝突。雖然各族都有其語文，而在政治上、社交上通用最廣的，自然是漢語和漢文。宗教則佛教盛行於蒙、藏，回教盛行於回族。滿族和西南諸族，亦各有其固有的信仰。漢族則最尊崇孔子。孔子之教，注重於人倫日用之間，以至於治國平天下的方略，不具迷信的

色彩。所以數千年來，各種宗教在中國雜然並行，而從沒有爭教之禍。我國民族的能團結，確不是偶然的。

三、中國疆域的沿革

普通人往往有一種誤解：以為歷史上所謂東洋，係指亞洲而言；西洋係指歐洲而言。其實河川、湖泊，本不足為地理上的界線。烏拉山雖長而甚低，高加索山雖峻而甚短，亦不能限制人類的交通。所以歷史上東西洋的界限，是亞洲中央的蔥嶺，而不是歐、亞兩洲的界線。蔥嶺以東的國家和蔥嶺以西的國家，在歷史上儼然成為兩個集團；而中國則是歷史上東洋的主人翁。

蔥嶺以東之地，在地勢上可分為四區：

（一）中國本部　包括黃河、長江、粵江三大流域。

（二）蒙古新疆高原　以阿爾泰山系和崑崙山系的北幹和海藏高原、中國本部及西伯利亞分界。中間包一大沙漠。

（三）青海西藏高原　是亞洲中央山嶺蟠結之地。包括前後藏、青海、西康。

（四）關東三省　以崑崙北幹延長的內興安嶺和

蒙古高原分界。在地理上，實當包括清朝咸豐年間割給俄國之地，而以阿爾泰延長的雅布諾威、斯塔諾威和西伯利亞分界。

四區之中，最先發達的，自然是中國本部。古代疆域的記載，最早的是《禹貢》。《禹貢》所載，是否禹時的情形？頗可研究。即使承認他是的，亦只是當時聲教所至，而不是實力所及。論實力所及，則西周以前，漢族的重要根據地大抵在黃河流域。至春秋時，楚與吳、越漸強；戰國時，巴、蜀為秦所併，而長江流域始大發達。秦取今兩廣和安南之地，置桂林、南海、象郡，福建之地置閩中郡，而南嶺以南，始入中國版圖。

其對北方，則戰國時，魏有上郡；趙有雲中、雁門、代郡；燕開上谷、漁陽、右北平、遼西、遼東五郡，而熱、察、綏和遼寧省之地，亦入中國版圖。其漠北和新疆省，是漢時才征服的。但此等地方，未能拓為郡縣，因國威的張弛，而時有贏縮。

青海，漢時為羌人所據，西藏和中國無甚交涉。唐時，吐蕃強盛，而其交涉始繁。元初征服其地，行政上隸屬於宣政院。

總而言之：漢唐盛時，均能包括今之蒙古、新疆。至西藏之屬中國，則係元、清時代之事。但當秦開南越時，我國即已包括後印度半島的一部。至漢

時，並以朝鮮半島的北部為郡縣。唐以後，此兩半島均獨立為國，我國迄未能恢復。中國疆域的贏縮，大略如此。

至於政治區劃：則據《禹貢》所載，大約今河北、山西，是古代的冀州。山東省分為青、兖二州。江蘇、安徽的淮水流域是徐州，江以南為揚州。河南和湖北的一部是豫州。自此南包湖南是荊州。四川是梁州。陝、甘，是雍州。秦時，此等地方和戰國時新開之地，分為三十六郡。而桂林、南海、象、閩中四郡在其外。漢時十三部，大略古代的冀州析而為幽、冀、蘇三州。關中屬司隸校尉。甘肅稱涼州。荊、揚、青、徐、兖、豫，疆域略與古同。四川稱益州，兩廣稱交州。唐時，今河北省為河北道。山西省為河東道。陝西省為關內道。甘肅、寧夏為隴右道。山東、河南為河南道。江蘇、安徽的江以北為淮南道。其江以南及湖南、江西、浙江、福建為江南道。湖北和湖南、四川，陝西的一部分為山南道。四川之大部分為劍南道。兩廣為嶺南道。後來區劃又較詳，而宋代的分路，大略沿之。元代疆域最廣，始創行省之制。現在的河北、山西直隸於中書省。河南、山東及江蘇、安徽的北部、湖北省的大部分為河南省。江蘇、安徽的南部和浙江、福建為江浙省。江西和廣東為江西省。湖北的一小部分和湖南、廣西為湖廣省。

雲南、四川，疆域略和現在相像。陝西包括現在甘肅的大部分，而寧夏和甘肅西北境，別為甘肅省。遼寧為遼陽省。明清兩代的區劃略和現代相近。不過明代陝、甘、蘇、皖、湘、鄂都不分，所以清代所謂十八省者，在明代只有十五。清代將中國本部分成十八省。新疆和關東三省，則係末年始改省制的。其時共得行省二十二。其西康、熱河、察哈爾、綏遠、寧夏、青海，則到民國才改為省制的。

四、中國史時期的劃分

歷史事實，前後相銜。強欲分之，本如「抽刀斷流，不可得斷」。但是為明瞭變遷大勢起見，把歷史劃分為幾個時期，也是史家常用的法子。

中國的歷史，當分幾期，這是顯而易見的。三代以前，我國還是個列國並立的世界，當劃為一期。自秦以後，便入於統一的時代了。自此，直至近世和歐人接觸以前，內部的治化，雖時有變遷；對外的形勢，亦時有漲縮；然而大體上，總是保守其閉關獨立之舊約。這個當劃為一期。從中歐交通以後，至民國成立之前，其間年代，雖遠較前兩期為短；然這是世運的進行，加我以一個新刺戟，使之脫離閉關自守之策，進而列於世界列國之林的，亦當劃為一時期。民

國成立,至今不過二十二年。卻是我國改良舊治化,適應新環境的開始。一切都有更始的精神。以後無窮的希望,都將於此植其基。其當另劃為一期,更不待言。

所以自大體言之,我國的歷史,可劃分為上古、中古、近世、現代四個時期。這是大概的劃分。若更求其詳,則每一時期中,亦可更分幾個小階段。

在上古期中,巢、燧、羲、農,略見開化的跡象。自黃帝御宇,東征西討,疆域大拓。自此稱為天子的,其世系都有可考。雖然實際還是列國並立,然已有一個眾所認為共主的,這是政治情勢的一個轉變。東周以後,我民族從各方面分歧發展。地醜德齊之國漸多,王朝不復能號令天下。號令之權,移於「狎主齊盟」的霸主。戰國時代,霸主的會盟征伐,又不能維繫人心了。諸侯各務力征,互相兼併,到底從七國併而為一國。雜居的異族,亦於此競爭激烈之秋,為我所攘斥,所同化。隆古社會的組織,至此時代,亦起劇烈的變遷。學術思想,在這時代,亦大為發達而放萬丈的光焰,遂成上古史的末期。

中古史中:秦漢兩代,因內國的統一而轉而對外。於是有秦皇漢武的開邊。因封建制度的劃除,而前此層累的等級漸次平夷;而君權亦因此擴張。實際上,則因疆域的廣大,而政治日趨於疏闊;人民在政

治上的自由，日以增加；而社會亦因此而更無統制。競爭既息，人心漸入於寧靜。而學術思想，亦由分裂而入於統一。這是第一期。因兩漢的開拓，而有異族入居塞內的結果。因疆域廣大，亂民蜂起之時，中央政府不能鎮壓，而地方政府之權不得不加重，於是有後漢末年的州郡握兵，而成三國的分裂。晉代統一未久，又有五胡亂華之禍。卒致分裂為南北朝。直至隋代統一，而其局面乃被打破。這是第二期。隋唐之世，從積久戰亂之餘，驟見統一，民生稍獲蘇息，國力遂復見充實。對外的武功，回復到秦漢時代的樣子。這是第三期。唐中葉以後，軍人握權，又入於分裂時代。其結果，則政治上的反動，為宋代的中央集權。而以國力疲敝之政，異族侵入，莫之能禦，遂有遼、金、元的相繼侵入。明代雖暫告恢復，亦未能十分振作，而清室又相繼而來。這是第四期。

近世這一期，是我們現在直接承其餘緒而受其影響的。清朝雖亦是異族，然其對於中國的了解，較胡元為深。其治法遵依中國習慣之處，亦較胡元為多。因其能遵依中國的習慣而利用中國的國力，所以當其盛世，武功文治，亦有可觀。假使世界而還是中古時期的樣子，則我們現在，把這客帝驅除之後，就更無問題了。然而閉關的好夢，已成過去了。歐風美風，相逼而來，再不容我們鼾睡。自五口通商以後，

而門戶洞開，而藩屬喪失，外人的勢力，深入內地。甚至劃為勢力範圍，創作瓜分之論；又繼之以均勢之說。中國乃處於列強侵略之下，而轉冀幸其互相猜忌，維持均勢，以偷旦夕之安。經濟的侵略，其深刻，既為前此所無；思想的變動，其劇烈，亦非前此所有。於是狂風橫雨，日逼於國外，而軒然大波，遂起於國中了。所以近世史可分為兩個小期。西力業已東漸，我國還冥然罔覺，政治上、社會上，一切保守其舊樣子，為前一期。外力深入，不容我不感覺，不容我不起變化，為後一期。五口通商，就是這前後兩期的界線。

現代史是我們受了刺戟而起反應的時代。時間雖短，亦可以分做兩期革命之初，徒浮慕共和的美名，一切事都不徹底，所以釀成二十年來的擾亂。自孫中山先生，確定三民主義、五權憲法，為我民族奮鬥、國家求治的方針。對內則剷除軍閥，以求政治的清明；對外則聯合被壓迫民族，廢除不平等條約，以期國際關係的轉變。雖然革命尚未成功，然而曙光已經發現了。所以國民政府的成立，亦當在現代史上，劃一個新紀元。

以上只是指示一個大勢，以下再舉史實以證明之。

第 四 章

先秦史與學術思想

　　除中國通史之外，呂思勉以中國古代史見長，
自《先秦史》以下的四種斷代史著作，向為學界所推
崇。關於上古時期史事的敘述，大抵見於《先秦史》
中，文獻材料引述甚詳，規模宏備。

　　先秦時期的學術，影響於後世甚大。呂思勉另
有《先秦學術概論》，此書條理明晰，且有獨特的觀
點，至今仍是不可忽略的著作。

　　顧頡剛主編《古史辨》，而成一疑古學派。《古
史辨》第七冊由呂思勉、童書業合編，反映了呂思勉
等人的見解，從中亦可一窺呂氏與疑古學派的關係。

　　呂思勉撰《先秦史》、《秦漢史》、《兩晉南北朝
史》、《隋唐五代史》四種斷代史著作，體大思精，
成於一人之手，脈絡分明。（表 8）近代中國史學家
中，能完成一、兩種斷代史已屬難能可貴，呂氏的魄
力，恐難有後繼者了。

表 8　中國古代史階梯閱讀法提示

- 先秦時期：　　　　（1）《先秦史》＋《先秦學術概論》＋《古史辨》第七冊

- 秦漢三國時期：　（2）《秦漢史》＋《三國史話》

- 兩晉南北朝時期：（3）《兩晉南北朝史》

- 隋唐宋明時期：　（4）《隋唐五代史》＋《宋代文學》＋《理學綱要》

　　作為一個歷史階段，先秦史時期是很漫長的，即使由夏朝開始，中經商代，至周朝結束，就有一千八百餘年；周朝又分西周和東周，東周包括春秋和戰國，王朝更替和時代演變的情況，讀者首先要有概略認識。（表 9）

表 9　先秦時期年代一覽表

朝代 / 時代	年代	年數	都城
夏朝	約公元前 2100 年－前 1600 年	約 500 年	陽城（今河南登封縣東南）
商朝	約公元前 1600－前 1028 年	約 550 年以上	亳（今河南商丘縣北） 殷（今河南安陽西北）

（接上表）

朝代／時代	年代	年數	都城
周朝	約公元前 1027 年－前 256 年	約 770 年	
西周	公元前 1027 年－前 771 年	約 250 年	鎬京（今陝西西安西）
東周	公元前 770 年－前 256 年	共 515 年	洛邑（今河南洛陽）
春秋	公元前 770 年－前 476 年	共 295 年	
戰國	公元前 475 年－前 221 年	共 254 年	

第一節　《先秦史》的內容重點

呂思勉著《先秦史》，上海開明書店 1941 年初版，有上海古籍出版社 1982 年重印本，是探討先秦史的重要著作之一。此書共有十六章，於內容編排體例上頗有本身的特色。在第一章〈總論〉中，著者交代了自己的治學觀點，認為治史之目的不在「前車之鑑」，而在「明乎社會之所以然」，否則「執古方以藥今病」，便會因社會的發展變化而犯了歷史錯誤。治史應考慮文化地理的因素，從文化傳播學的角度研究中國歷史，便可多一層「予燭未來」的價值。以往的歷史分期多以上古、中古、近世、現代等名目命

之，容易產生混淆和誤解，故而本書率約定俗成之義，定名為「先秦史」。

在第二至四章中，呂思勉先對古史材料、民族原始和古史年代作了一番論述，闡明運用材料所採取的方法，例如重視史書、碑銘、筆記和法俗等，原始材料要辨偽求真。在探討中華民族的起源時，作出「起源於山東」的結論，在這個問題上，對其他名家的觀點一一加以反駁。關於古史年代，因為中國紀年方法有別於西方的公元制，在時間上又早於公元制許多年，呂氏對此做了詳細考證，認為中國紀年「始於共和」，是在民國紀元前二千七百五十二年。

第五至九章，按時間順序記述了先秦幾個不同的歷史階段，依次是「開闢傳說」、「三皇事蹟」、「五帝事蹟」、「夏殷西周事蹟」和「春秋戰國事蹟」。在「古書無偽」的治史觀點下，除了「春秋戰國事蹟」之外，其他章節在材料選擇方面，都不同程度地引用了一些傳說記載文字。

第十至十五章，分別論述了先秦時期的民族疆域，社會組織、農工商業、衣食住行、政治制度和宗教學術。第十六章為〈結論〉，對孔子所說的大同社會做了一些分析。

論者認為，呂思勉《先秦史》一書在運用史料方面的缺點比較突出，未能根據甲骨文、金文來補文獻

的不足；不過此書在選擇重點和分析問題上，是有其卓見的。政治方面，注意於分析各種制度的起源和變化，例如論及貴族內部的選舉，「其初蓋專取勇力之士」；又說：「古之選舉，其初蓋專於鄉，以其為戰士所治之區也。」這些論斷，準確指出先秦時期貴族尚武的本色。書中關於刑法的論述，則追溯至其起源，做到既有論據、又符合社會歷史發展的規律。[1]

呂思勉自己再提到《先秦史》時，表明「此書論古書材料、古史年代、中國民族的起源及西遷、古代疆域、宦學制度，自謂甚佳」。[2]

第二節　對先秦學術有獨到見解

呂思勉於上海滬江大學任教時，曾講授「先秦學術概論」，後來在這科講義的基礎上，整理而成《先秦學術概論》（上海：世界書局，1933 年；北京：中國大百科全書出版社，1985 年）。內容分為兩部分：上編「總論」，闡明先秦學術的重要、源流、興起時的時勢、派別，以及研究先秦諸子之法；下編「分論」，列舉先秦學派中的道家、儒家、法家、名家、墨家，着重分析各派產生的源流及其相互關係，兼及縱橫、兵家、農家、陰陽術數、方技、小說家和雜家。這種以

總論、分論敘述的方式，使讀者較容易掌握其大體。

　　呂思勉反對胡適的〈諸子不出王官論〉，認為《漢書》〈藝文志〉所記諸子出於王官之說不能全盤否定，若其淵源僅起至東周，數百年間不會發達至此。他並綜合了《淮南子》〈要略〉中謂「諸子起於救時之弊」的說法，同意章太炎的見解，認為其說最為持平。章氏指出：「九流皆出王官，及其發舒，王官所弗能與；官人守要，而九流究宣其義。」

　　社會組織既變，春秋以前的「王官之學」變為「私家之學」，時社會動蕩不安，「賢君良相，競求才智以自輔」，諸子百家於是對「王官之學」加以「旁通發揮」，指出各自的救世主張。例如道家之學出於史官，正因為他們總結了歷史上「成敗存亡禍福古今之理」，才會提出「清虛以自守，卑弱以自持」的策略。[3]

　　在論及各家相互關係時，呂思勉認為諸子百家是相通的，都淵源於古代的宗教哲學，其分流只是由於「勢」的影響，「本諸舊有之思想，以求解釋之道，而謀處置之方」；因是之故，「諸子之學，所以雖各引一端，而異中有同，仍有不離其宗者在也」。[4]

　　舉例來說，「察其名實是否相符，是為名家之學，持是術也，用諸政治，以綜核名實，則為法家之學」。法家出於理官，名家出於禮官，「理之與禮，

關係極密」，故此「名法二者，蓋於同源而異流」。墨家出於清廟之守，而「清廟實名法二家所由出」，是以「二家之學，亦有存於墨家者」。

呂思勉還認為「墨出於儒」，因《墨子》中〈修身〉、〈親士〉、〈所染〉三篇，實為儒家言，「其三表之法，上本之古聖王，實與儒家之則古昔稱先王相近，而其書引《詩》、《書》之辭亦特多」，《淮南》〈主術〉謂「孔、墨皆修先聖之術，通《六藝》之論」，其說不誣。但儒、墨、名、法各家「皆專明一節之用」，而道家則「總覽其餘」，故呂思勉認為「道家之學，實為諸家之綱領」。

《先秦學術概論》中，還論述了各派主要著作的重點內容，有頗多獨到見解。此書不單從哲學角度立論，又兼及社會政治方面，因此不同於一般思想史著作，而有自己的特色，於先秦學術思想史研究，有其重要地位。[5]

論者指出，《先秦學術概論》的撰述，殆有三個特點：第一，是全面分析先秦學派的源流，詳論道、儒、法、名、墨、陰陽六家，兼及其他學派。呂思勉並不恪遵傳統「九流十家」之說，認為先秦學術實可分為十二家，即：陰陽家、儒家、墨家、名家、法家、道德家、縱橫家、雜家、農家、小說家、岳家、醫家。第二，是着重分析各派源流及其相互關係，對

於學術思想僅述其要點，例如道家之下，列老子、莊子、列子、楊子、管子諸派；儒家之下，列曾子、孟子、荀子諸家。第三，是分析各學派重要著作的內容，同時辨其真偽。近人多認為塊時所見的《六韜》和《尉繚子》都是偽書，不足憑信；呂思勉則認為兩書「皆多存古制，必非後人所能偽為」。1972 年山東銀雀山漢墓出土了兩書的殘簡，足以證明呂氏的觀點是正確的。[6]

梁啟超在《清代學術概論》中提出中國學術史「六期說」，呂思勉承接此一說法，認為中國學術大略可以分為七期，而各有其代表形態：（一）先秦的「諸子百家之學」；（二）兩漢的「儒學」；（三）魏晉的「玄學」；（四）南北朝隋唐的「佛學」；（五）宋明的「理學」；（六）清代的「漢學」；（七）近代的「新學」。先秦學術品格特立獨行，中國歷代學術，「純為我所自創者，實止先秦之學耳」。[7]

第三節　關於《古史辨》的說明

1923 年，顧頡剛在《讀書雜誌》第九期發表〈與錢玄同先生論古史書〉，標舉「層累地造成的中國古史」說，認為中國古史是後人逐步累造而成，已失去

原來真實的面貌。這個見解引起轟動，並得到胡適、錢玄同、羅根澤、傅斯年、周予同等人支持；針對疑古思潮，劉掞藜、柳詒徵、胡堇人等撰文予以駁斥。雙方就中國古代史事和史料真偽問題發表意見，從而展開一場歷時八九個月的古史論戰。

1926 年，作為論戰的總結，顧頡剛把有關論文和書信編成《古史辨》第一冊，內容以禹為討論中心，兼及歷代的辨偽運動。顧頡剛寫了一篇長達六萬餘字的序；「古史辨」作為學派遂告誕生。1930 年和 1931 年繼出第二、三冊，由古史問題到孔子和儒家，以及《易經》、《詩經》的內容。《古史辨》第四冊由羅根澤主編，副題是「諸子叢考」，1932 年出版，討論儒、墨、道、法四家。第五冊仍由顧頡剛主編，1935 年出版，主要討論漢代經學的今古文問題、陰陽五行說起源及其與古代帝王系統的關係。1937 年再由羅根澤編第六冊，是第四冊諸子叢考的續編。

呂思勉、童書業編《古史辨》第七冊（上海：開明書店，1941 年）分為三編，每編一冊。蔣維喬為封面的書名題字。上編前面，有卷頭語、柳存仁撰〈紀念錢玄同先生〉、楊寬序、呂思勉和童書業的自序。上編內容是古史傳說總論，收錄顧頡剛的〈戰國秦漢間人的造偽與辨偽〉和楊寬的〈中國上古史導論〉兩篇。

中篇是有關「三皇五帝考」的論文，包括呂思勉的〈古史紀年考〉和〈三皇五帝考〉，顧頡剛、楊向奎、童書業三人合著的〈三皇考〉，齊思和的〈皇帝之制器故事〉等，共七篇。

下編是有關「唐虞夏史考」的論文，包括童書業的〈「帝堯陶唐氏」名號溯源〉、顧頡剛的〈禪讓傳說起於墨家考〉、呂思勉的〈唐虞夏史考〉、郭沫若的〈評《古史辨》〉等，共十四篇。

論者指出，《古史辨》各冊錄存的大量論文，既發揮了疑古辨偽精神，也吸收了現代社會學、考古學的方法與成果，對古籍和古史作了考訂，其貢獻是很大的。「但另一方面，由於理論、方法上的局限和形式主義的偏向，古史辨派學者的研究成果也或多或少地存在着懷疑過頭、見解片面的缺陷」。[8]

註釋：

[1] 《二十世紀中國學術要籍大辭典》，姜靜楠〈先秦史〉條，頁470。

[2] 呂思勉〈自述〉，《呂思勉學術文集》，頁394－395。1982年，《先秦史》經楊寬、呂翼仁校訂；新版《先秦史》（香港：香港中和出版有限公司，2022年），以頁下註的方式，將1950年代初呂思勉校訂的摘錄附於正文之中，方便讀者參考。

[3] 陳其泰著《20世紀中國歷史考證學研究》（北京：北京師範大學出版社，2005年），頁253－254。

[4] 同上註。

[5] 劉凌、吳士余主編《中國學術名著大辭典·近現代卷》，孔祥驊〈先秦學術概論〉條，頁565－566。

[6] 張林川、周春健著《中國學術史著作提要》（武漢：崇文書局，2005年），〈先秦學術概論〉條，頁40－41。

[7] 同上註。

[8] 姜義華主編《中國學術名著提要·歷史卷》（上海：上海復旦大學出版社，1994年），張榮華〈古史辨〉條，頁544－547。

呂著選讀

研究先秦諸子之法
選自《先秦學術概論》上篇第五章（1933 年）

　　先秦諸子之學，近數十年來，研究者大盛。蓋
以民氣發舒，統於一尊之見漸破，而瀛海大通，遠西
學術輸入。諸子之書，又多足互相印證也。諸子之
書，皆去今久遠，非經校勘注釋不能明。昔時留意於
此者少。清代考證學盛，始焉借子以證經，繼乃離經
而治子，校勘訓釋，日益明備。自得西學相印證，義
理之煥然復明者尤多（如《墨子》之《經》、《經說》、《大·
小取》諸篇，昔幾無人能讀，今則可解者十七八，即由得歐西論
理之學，以相參證也）。治此學於今日，蓋遠非昔時之比
矣。然今治諸子之學者，亦有所蔽，不可不知。

一、研究諸子當嚴別真偽

　　予昔有《論讀子之法》一篇，今特節錄其文
如下：

　　　讀古書固宜嚴別真偽，諸子尤甚。然近人
　　辨諸子真偽之術，吾實不甚敢信者。近人
　　所持之術，大要有二：

一、據書中事實立論，事有非本人所能言者，即斷為偽。如胡適之摘《管子·小稱》篇記管仲之死，又言及毛嬙、西施；《立政》篇辟寢兵兼愛之言，為難墨家之論是也。

二、則就文字立論。如梁任公以《老子》中有偏將軍上將軍之名，謂為戰國人語；又或以文字體制之古近，而辨其書之真偽是也。

予謂二法皆有可採，而亦皆不可專恃。

何則？

子為一家之學，與集為一人之書者不同。故讀子者，不能以其忽作春秋時人語，忽為戰國人之言，而疑其書之出於偽造。猶之讀集者，不能以其忽祖儒家之言，忽述墨家之論，而疑其文非出於一人。

先秦諸子，大抵不自著書。今其書之存者，大抵治其學者所為，而其纂輯，則更出於後之人。亡佚既多，輯其書者，又未必通其學。不過見講此類學術之書，共有若干，即合而編之，而取此種學派中最有名之人，題之曰某子云耳。然則某子之標題，本不過表明學派之詞，不謂書即其人所著。與集部書之標題為某某集者，大不

相同。書中記及其人身後之事，及其文詞之古近錯出，固不足怪。至於諸子書所記事實，多有訛誤，此似誠有可疑。然古人學術，多由口耳相傳，無有書籍，本易訛誤；而其傳之也，又重其義而輕其事。如胡適之所摘莊子見魯哀公，自為必無之事。然古人傳此，則但取其足以明義；往見者果為莊子與否，所見者果為魯哀公與否，皆在所不問。豈惟不問，蓋有因往見及所見之人，不如莊子及魯哀公之著名，而易為莊子與魯哀公者矣。然此尚實有其事。至如孔子見盜跖等，則可斷定並其事而無之。不過作者胸中有此一段議論，乃託之孔子、盜跖耳。此則所謂寓言也。此等處，若據之以談史實，自易謬誤。然在當時，固人人知為寓言。故諸子書中所記事實，乖謬者十有七八，而後人於其書，仍皆信而傳之。胡適之概斷為當時之人，為求利而偽造，又譏購求者之不能別白，亦未必然也。說事如此，行文亦然。今所傳五千言，設使果出老子，則其書中偏將軍上將軍，或本作春秋以前官名，而傳者乃以戰國時之名易之，此如今譯書者，於

書中外國名物，易之以中國名物耳，雖不免失真，固與偽造有別也。

又古人之傳一書，有但傳其意者，有兼傳其詞者。兼傳其詞者，則其學本有口訣可誦，師以是傳之徒，徒又以是傳之其徒，如今瞽人業算命者，以命理之書，口授其徒然。此等可傳之千百年，詞句仍無大變。但傳其意者，則如今教師之講授，聽者但求明其意即止，迨其傳之其徒，則出以自己之言。如是三四傳後，其說雖古，其詞則新矣。故文字氣體之古近，亦不能以別其書之古近也，而況於判其真偽乎？……

明於此，則知諸子之年代事跡，雖可知其大略，而亦不容鑿求。若更據諸子中之記事，以談古史，則尤易致誤矣……諸子中之記事，十之七八為寓言；即或實有其事，人名地名及年代等，亦多不可據；彼其意，固亦當作寓言用也。據此以考事實，苟非十分謹慎，必將治絲益棼。今人考諸子年代事跡者，多即以諸子所記之事為據。既據此假定諸子年代事跡，乃更持以判別諸子書之信否焉，其可信乎？ 一言蔽之，總由不知子與

集之異，太重視用作標題之人而已。

以上皆《論讀子之法》原文。

二、治諸子可分家而不可分人

　　此外尚有一事宜知者，曰：「先秦之學純，而後
世之學駁。凡先秦之學，皆後世所謂專門（此謂專守
一家之說，與今所謂專治一科之學者異義）；而後世
所謂通學，則先秦無之也。」此何以故？曰：凡學皆
各有所明，故亦各有其用。因人之性質而有所偏主，
固勢不能無。即入主出奴，亦事所恆有。然此必深奧
難明之理，介於兩可之間者為然。若他家之學，明明
適用於某時某地，證據確鑿者，則即門戶之見極深之
士，亦不能作一筆抹殺之談。此群言淆亂，所以雖事
不聲免，而是非卒亦未嘗無準也。惟此亦必各種學
問，並行於世者已久，治學之士，於各種學問，皆能
有所見聞而後可。若學問尚未廣布，欲從事於學者，
非事一師，即無由得之；而所謂師者，大抵專主一家
之說，則為之弟子者，自亦趨於暖姝矣。先秦之世，
學術蓋尚未廣布，故治學者，大抵專主一家。墨守之
風既成，則即有兼治數家者，亦必取其一而棄其餘。
墨子學於孔子而不說，遂明目張膽而非儒；陳相見許

行而大說，則盡棄其所受諸陳良之學，皆是物也。此雜家所以僅兼採眾說，而遂足自成為一家也（以當時諸家皆不能兼採也。若在後世，則雜家遍天下矣）。

職是故，治先秦之學者，可分家而不可分人。何則？先秦諸子，大抵不自著書；凡所纂輯，率皆出於後之人（張孟劬嘗以佛家之結集譬之）。欲從其書中，搜尋某一人所獨有之說，幾於無從措手；而一家之學，則其言大抵從同。故欲分別其說屬某人甚難，而欲分別其說屬某家則甚易。此在漢世，經師之謹守家法者尚然。清代諸儒，搜輯已佚之經說，大抵恃此也（試讀陳氏父子之《三家詩遺說考》、《今文尚書經說考》，即可見之）。故治先秦之學者，無從分人，而亦不必分人。茲編分論，均以家為主。一書所述，有兼及兩家者，即分隸兩家之下（如《墨子》中論名學者，即歸入名家之中），諸子事跡，但述其可信者；轉於其書之源流真偽，詳加考證焉，亦事所宜然也。

第 五 章

秦漢三國兩晉南北朝史

　　秦朝於公元前 221 年統一全國，中經兩漢、三國、兩晉、至南北朝結束（公元 587 年），總共超過八百年。由國家統一至政權分立，下開隋唐盛世，政治、社會、經濟、文化的興替和變化，是非常複雜的。要認識這段歷史，實在並不容易；幸而三國史事，向來尚稱家傳戶曉。南北朝政權多達十個，局勢更為混亂。一般的斷代史著作，是分為秦漢史、魏晉南北朝史的；人們最感興趣的三國史，則是這兩個階段的關鍵和轉捩點。（表 10）

表 10　秦至南北朝時期年代一覽表

朝代 / 年代	年代	年數	都城
秦朝	公元前 221 年－前 207 年	共 15 年	咸陽（今陝西咸陽）
漢朝	公元前 202 年－公元 220 年	共 422 年	
西漢	公元前 202 年－公元 8 年	共 210 年	長安（今陝西西安）
新	公元 9 年－23 年	共 15 年	長安（今陝西西安）
東漢	公元 25 年－220 年	共 196 年	洛陽（今河南洛陽）

朝代／年代	年代	年數	都城
三國	公元 220 年－265 年	共 46 年	
魏	公元 220 年－265 年	共 46 年	洛陽（今河南洛陽）
蜀漢	公元 221 年－263 年	共 43 年	成都（今四川成都）
吳	公元 229 年－280 年	共 51 年	建業（今江蘇南京）
晉朝	公元 265 年－420 年	共 156 年	
西晉	公元 265 年－316 年	共 52 年	洛陽（今河南洛陽）
東晉	公元 318 年－420 年	共 104 年	建業（今江蘇南京）
南北朝	公元 420 年－589 年	共 170 年	
南朝	公元 420 年－589 年	共 170 年	
宋	公元 420 年－479 年	共 60 年	建康（今江蘇南京）
齊	公元 479 年－502 年	共 24 年	建康（今江蘇南京）
梁	公元 502 年－557 年	共 56 年	建康（今江蘇南京）
陳	公元 557 年－589 年	共 33 年	建康（今江蘇南京）
後梁	公元 555 年－587 年	共 33 年	
北朝	公元 439 年－581 年	共 143 年	
北魏	公元 386 年－534 年	共 149 年	平城（今山西大同）
東魏	公元 534 年－550 年	共 17 年	鄴（今河北臨漳縣）
西魏	公元 535 年－556 年	共 22 年	長安（今陝西西安）

（接上表）

朝代 / 年代	年代	年數	都城
北齊	公元 550 年－577 年	共 28 年	鄴（今河北臨漳縣）
北周	公元 577 年－581 年	共 25 年	長安（今陝西西安）

　　呂思勉在這方面有三種著作，用力甚深。《秦漢史》二冊，包括秦、漢、新、後漢、三國總共五個歷史時期，凡二十章，論述秦漢時的社會組織、社會階級、民生與民計、政治制度、學術和宗教等。呂氏後來在提到《秦漢史》時說：

> 此書自問，敘西漢人主張改革，直至新莽；
> 及漢武帝之尊崇儒術，為不改革社會制度
> 而轉入觀念論之開端；儒術之興之真相；
> 秦漢時物價及其時富人及工資之數；選舉、
> 刑法、宗教各章節，均有特色。[1]

　　漢末三國的人物和史事，向來備受注意，呂思勉撰《三國史話》，深入淺出，流暢易讀，是很值得推介的一種讀物。此書有幾個版本，容易入手。

　　呂思勉另一種重要的斷代史著作，是《兩晉南北朝史》二冊，共二十四章，分國論述兩晉南北朝時期的史實、社會組織、社會等級、民生、民計、政治制度、學術、宗教等。

第一節　獨創體例的《秦漢史》

呂思勉著《秦漢史》，上海開明書店 1947 年初版，有上海古籍出版社 1983 年重印本，坊間另有不同版本。此書內容銜接呂氏的《先秦史》，同時又是獨立著作，深入地記述秦漢時期的政治、經濟和文化成就，並且糾正了史學界研究秦漢史的偏向，例如只注重西漢前期的休養生息、漢武帝的文治武功，以及東漢時期宦官、外戚專政和黨錮之禍等，對秦漢史作了全面而系統的探討。

與《先秦史》的編排有所不同，呂思勉設計了獨特的斷代史撰寫體例，將每一個歷史時期的記敘分為兩大部分：前半部是政治史，包括朝代的興亡盛衰，各種重大歷史事件的前因後果，各個時期政治的成敗得失，以及王朝與周邊少數民族之間的關係等等，採用的是一種新的紀事本末體；後半部是社會經濟文化史，分別敘述社會經濟、民族疆域、文化學術等方面的發展情況，採用的是一種新的敘述典章制度的體例。《秦漢史》採此體，其後的《兩晉南北朝史》和《隋唐五代史》大抵上也一樣。這種新體例的創制，帶有摸索試探的性質，對於斷代史撰述方式的進步，起了一定的推動作用。[2]

《秦漢史》全書約有四十四萬字，分為二十章，

從縱橫兩個方面，對秦漢政治和社會進行了全面的論述。第一章〈總論〉，指出新、漢之間社會組織的變動和漢、晉之間民族關係的變化。第二至十二章，按年代順序說明和分析〈秦代事蹟〉、〈秦漢興亡〉以至〈三國始末〉。第十三至二十章屬專史類，介紹秦漢社會生活的各個方面，包括社會組織、社會等級、人民生計、政治制度、學術、宗教等，分門別類的考察，說明其源流和沿革。

呂思勉對「前四史」所下的功夫很深，非常熟悉秦漢時期的歷史，敘述有條理，分析極深入。他認為自從王莽改制失敗、東漢建立之後，豪強大族勢力崛起並且不斷發展，封建依附關係進一步加強，終於導致出現長期割據分裂和軍閥混戰的局面，演變而為兩晉南北朝那樣的形勢。

呂思勉此書對秦漢社會經濟的記述十分全面，包括農業、工業、商業、錢幣、飲食、倉儲漕運糴糶、衣服、宮室、葬埋、交通；又根據當時的社會特點，對豪強、奴客、門生、部曲、游俠作重點探討。此外，還重視由於社會組織變化而產生的特殊社會風氣，對秦漢時的君臣之義、士大夫風氣變遷作了專門評述。[3] 當時各階層的資產估算，富豪人家的生活，土地集中的情形，農工商業的發展，衣食住行的狀況，以及喪葬風俗等，都是呂氏用心着力之處。

至於秦漢時期的政治制度和文化學術，書中亦不乏創見。例如認為神仙家求不死之方，非盡虛幻，不少都與醫學有密切關係，服餌之法、導引之術、五禽之戲等，均有延年益壽的功效。再如道教的起源，應與附會黃老的神仙家、巫術家有關，當時分為兩派流傳：一派與士大夫結交，如于吉之流；另一派則流傳於民間，如張角的太平道和張修的五斗米道。兩派宗旨不同，而信仰之神沒有差別，道教正是由於這兩派交錯發展而成的。

論者認為，呂思勉著《秦漢史》也存在一些缺點，主要表現於史料的運用方面，因其取材主要來自正史，比較偏重當權者的政績，又未能應用撰著當時已有的考古成果和漢簡、遺址和墓葬發掘報告等。[4]不過，這些大致上都不影響此書的可信性和可讀性。

第二節　通俗易讀的《三國史話》

呂思勉的史學著作中，《三國史話》（上海：開明書店，1943 年）是很受讀者歡迎的一種。此書有北京中華書局 2006 年版，題作《呂著三國史話》。此書除原著十六篇外，收入 1987 年上海教育出版社在原書基礎上添加的《三國史話之餘》四篇，又將呂思勉所

撰相關文章十八篇作為附錄，此前個別有刪節的地方都盡量按原稿補正。[5]

在〈楔子〉一篇中，呂思勉指出《三國演義》是中國行銷最廣的書籍，「這部書有些地方，渲染得很有文學意味，如赤壁之戰前後便是；有些地方，卻全是質實的記事，簡直和正書差不多」。[6] 所以他想就這一段史事，略加述說，或者糾正從前的謬誤，或者陳述一些前人所忽略的事情。

史話先以宦官、外戚、黃巾為言，說明東漢禍患的根源，接着分析歷史和文學的分別，再從東漢的地理入手，指出把東漢末年的分裂，過分歸咎於州牧之制是不對的。說到三國時的戰事，第一個要提的是董卓，他初進京城時，也未始不想做些好事，苦於他其實是不懂得政治的人，一上政治舞台，便廢少帝而立獻帝，成為一件給人家做藉口的事。東方的兵一起，董卓的所作所為就更不成話了。

〈曹操是怎樣強起來的〉、〈曹孟德移駕許都〉指出群雄初起之時，各人都怕兵力不夠，總想多拉幫手，曹操和袁紹是討卓時的友軍。把挾天子以令諸侯，說是曹操成功的關鍵，是不正確的見解，主要還是因他政治清明和善於用兵。曹操平定兗州之後，要出來收拾時局，這時候的形勢，借助漢獻帝便利一些。其後袁紹成為曹操的大敵，官渡之戰，袁紹大

敗，沒幾年曹操就統一了中原。[7]

　　赤壁之戰是統一之局或天下三分的關鍵，曹操固然犯了兵家之忌，有其致敗之理由，然而孫、劉方面也未見得有必勝之道。南方之兵在地利和軍隊長技上說，是佔了便宜的；曹兵不能持久，南北分立的形勢以成。

　　〈替魏武帝辨誣〉強調後人誣枉魏武帝要篡漢，是因為有幾件不正確的記載；公忠體國的文臣和拾死忘生的武士，是封建時代的兩種美德，魏武帝和諸葛武侯都是文武全才，二人都是全備了的。從魏武帝到司馬懿，「可以說是中國的政局，亦可以說是中國的社會風氣一個升降之會。從此以後，封建的道德，就漸滅以盡，只剩些狡詐兇橫的武人得勢了」。[8]

　　魏延之死，不能不說是蜀漢的一個損失，《三國史話》之中，還替魏延辨誣。接着又說到姜維和鍾會，前者效忠於漢，後者效忠於魏，堪稱封建道德之下的兩個烈士。至於〈孫吳為甚麼要建都南京〉、〈司馬懿如何人〉、〈司馬氏之興亡〉和〈晉代豪門鬥富〉四篇，是後加的《三國史話之餘》。附錄諸篇，或論袁曹成敗，或考諸葛亮南征，或敘關羽欲殺曹公，或分析姜維不速救成都、孫策欲襲許，均可作為正文的補充。

第三節　條理分明的《兩晉南北朝史》

呂思勉著《兩晉南北朝史》（上海：開明書店，1948年），有上海古籍出版社 1983 年重印本。此書與他的《秦漢史》體例相同、內容銜接，而又獨立成書，闡述了兩晉南北朝時期的政治、經濟、軍事和文化的發展，對這個階段的歷史作有條理和系統的考察。

在二十四史之中，記載兩晉南北朝史的著作有十部之多，《晉書》記兩晉十六國歷史，《宋書》、《南齊書》、《梁書》、《陳書》記南朝宋、齊、梁、陳歷史，《魏書》記北魏（包括東魏）的歷史，《北齊書》主要記北齊歷史，《周書》主要記北周歷史，還有《南史》、《北史》分述南朝和北朝的歷史。[9] 加上《華陽國志》、《十六國春秋》、《建康實錄》等書的記載，史料分散而又繁多。由於政治上長期分裂，政權更迭頻仍，戰亂連綿不斷，階級矛盾和民族衝突極其錯綜複雜。呂思勉花了很大的精力寫成此書，是他所著四部斷代史中份量最大的一部。

此書第一章〈總論〉，從文化社會學角度比較了東西文化社會的差異，對中國歷史獨特形態的因由提出一家之言。呂思勉認為各民族的史事，往往初時相似而後絕異，他以地理環境、人口、文明程度、宗教等方面作出分析，見解令人信服。東方有興盛的秦

漢，西方有繁榮的羅馬；中國被五胡擾亂，羅馬為馬其頓所滅；但此後的歐洲不再是由羅馬人統治，中國則依然為漢族所統治。兩晉南北朝的歷史，充分說明了東西方文化社會的異同。[10]

第二至十六章是政治史，以朝代更替或較長時期的政治形勢為總題，章內各節則以單一事件為中心，前後連貫。第十七章至二十四章是這時期的社會經濟文化史，就社會組織、社會等級、人民生計、實業、人民生活、政治制度、學術、宗教各方面，分門別類加以敘述，指出社會經濟雖然屢受破壞，還能曲折地得到發展。有一種說法認為兩晉南北朝的社會經濟停滯不前，甚至倒退，其實是不妥當的。

書中指出，在北方，少數民族的經濟逐漸取得進展，民族之間也因而逐步融合；江南地區由於北方人口大量南移，帶來先進的生產技術，推動了山地和沼澤沮洳地帶的開發。例如農業，東渡以後荊、揚二州農業大盛，農業最盛的，是今兩湖間的沼澤之區及江浙間的太湖流域。手工業生產技術方面，也有長足進步。

人民的生活方式，隨着經濟發展而有所改進。烹飪方法日漸講究，出現了何曾的《食蔬》和崔浩的《食經》等專門著作。服飾的變化也很明顯，對後世產生了深遠影響。

在〈學術〉一章中，對學術、文字、儒玄諸子之學、史學、文學美術、自然科學、經籍等作了論述；指出官學、私學仍然相沿不輟，玄學雖盛極一時，儒家經學繼續發展，只是儒家有兼通道、釋的學者而已。私家修史的風氣很盛，書法、繪畫開始為世所重；自然科學方面，天文、曆法、地理、醫學皆有成就。凡此種種，都為隋唐時代的文化繁榮奠定了基礎。

論者指出，呂思勉此書對兩晉南北朝歷史研究作出了兩大貢獻：其一，是把錯綜複雜的歷史情狀整理編成脈絡分明、條理連貫的史學巨著；其二，是把當時社會歷史曲折前進的過程，從各個方面進行詳細而深入的分析。[11] 時至今日，呂氏《兩晉南北朝史》在同類著作中，無論是篇幅規模抑或深入程度，都屬於表表者；其涵蓋面之廣，系統性之強，以及論點之信實，仍是學界所一致推重的。

呂思勉自己後來提到《兩晉南北朝史》時這樣說：「此書自問，總論可看。此外發見魏史之偽造諱飾、表彰抗魏義民、表彰陳武帝、鈎考物價工資資產及論選舉制度皆佳，論五胡時，意在激揚民族主義。稍失其平，因作於日寇入犯時，不自覺也，異日有機會當改正。」[12] 學者讀此書時，適加注意。

註釋：

[1]　呂思勉〈自述〉，《呂思勉論學叢稿》，頁 756。《秦漢史》一書出版後，呂思勉曾作過校訂，1950 年代初，特將「有獨見」、可成「精湛之作」的地方摘出，寫有摘錄一冊。「呂著經典」《秦漢史》（香港：香港中和出版有限公司，2022 年）將摘錄以頁下註的方式附於正文之中，方便讀者參考。

[2]　王子今〈呂思勉和呂著《秦漢史》〉，《觀其會通──呂思勉先生逝世六十周年紀念文集》，頁 76－77。

[3]　《二十世紀中國學術要籍大辭典》，王克奇〈秦漢史〉條，頁 470－471。

[4]　劉凌、吳士余主編《中國學術名著大詞典‧近現代卷》，章義和〈秦漢史〉條，頁 631。

[5]　呂思勉著《呂著三國史話》（北京：中華書局，2006 年），〈出版説明〉，頁 1－2。

[6]　《呂著三國史話》，〈楔子〉，頁 1。

[7]　《呂著三國史話》，〈曹操是怎樣強起來的〉，頁 45－48。

[8]　《呂著三國史話》，〈從曹操到司馬懿〉，頁 108。

[9]　周佳榮著《中國歷代史學名著快讀》（香港：商務印書館，2016 年），頁 27－31。

[10]　《二十世紀中國學術要籍大辭典》，張軍鋒〈兩晉南北朝史〉條，頁 475。

[11]　劉凌、吳士余主編《中國學術名著大詞典‧近現代卷》，章義和〈兩晉南北朝史〉條，頁 631－632。

[12]　呂思勉〈自述〉，《呂思勉學術文集》，頁 395。

呂著選讀

讀舊史入手的方法
選自《中國史籍讀法》第六節（1954 年）

我這一次的講演，初意擬以實用為主，卑之無甚高論的；然一講起來，仍有許多涉及專門的話。這實緣不讀舊史則已，既欲讀舊史，則其性質如此。天下事不講明其性質，是無從想出應付的方法來的，所以不得不如此。「行遠自邇，登高自卑」，講到入手的方法，我們就不能不從最淺近、最簡易的地方着眼了

一、初學之書不在多

大抵指示初學門徑之書，愈淺近、愈簡易愈好，惟不可流於陋耳。陋非少之謂，則不陋非多之謂。世惟不學之人，喜撐門面，乃臚列書名，以多為貴，然終不能掩其陋也。當一九二三、一九二四年時，胡適之在北京，曾擬一《最低限度的國學書目》，臚列書名多種，然多非初學所可閱讀；甚至有雖學者亦未必閱讀，僅備檢查者。一望而知為自己未曾讀過書，硬撐門面之作。梁任公評之云：「《四史》、《三通》等，中國的大學問都在此中，這書目

一部沒有；卻有《九命奇冤》。老實說，《九命奇冤》，我就是沒有讀過的。我固然深知我學問的淺陋，然說我連最低限度都沒有，我卻不服。」（因原載此評的雜誌已毀，無原文可以查檢，語句不盡相符，然大致必不誤）真可發一噱。任公亦自擬一通，就好得多。

二、讀舊史入手處

舊時史部之書，已覺其浩如煙海；而如前文所述，欲治史者，所讀的書，還不能限於史部；而且並沒有一個界限，竟把經、子、集三部的書都拉來了。這更使人何從下手呢？且慢，聽我道來。

欲治史者，所讀的書，因不能限於史部，然仍宜從史部為始；而且在史部之中，要揀出極少數、極緊要的書來。

此事從何着手？

（一）當知舊史之重在理亂興衰和典章經制

舊史偏重政治，人人所知；偏重政治為治史之大弊，亦人人所知。然①政治不可偏重，非謂政治可以不重；②而政治以外的事項，亦可從政治記載之中見得（如舊史的《食貨志》，雖偏重財政，然於社會經濟情形，亦多涉及。又如《百官志》，似乎專談政

治，然某一朝的政府，對於某種經濟、文化事業，曾設官加以管理，某一朝卻放棄了，亦可於其中見得。舉此兩端為例，其餘可以類推），此二義亦不可不知。所以舊時史家視為最重要的部分，仍為今日讀史極重要的部分，而宜先讀。

舊時史家視為最重要的部分，是哪一部分呢？這個問題，我們可以讀馬端臨（貴與）先生的《文獻通考·總序》而得到解答。他把史事分為兩大類：一曰理亂興衰，一曰典章經制。前者是政治上隨時發生的事情，今日無從預知明日的；後者則預定一種辦法，以控制未來，非有意加以改變，不會改變（此就形式言，其實際有效與否，另是一回事）。故前者可稱為動的史實，後者可稱為靜的史實。歷史上一切現象，都可包括在這兩個條件之中了。

正史之所以被認為正史，即因其有紀、傳以載前一類的史實；有志以載後一類的史實。然紀、傳以人為主，把事實尺寸割裂了，不便觀覽。這一點，是不能為太史公咎的。因為後世的歷史，紀、傳所紀之事，多係同一來源，而將其分隸各篇，所以有割裂之弊。若《史記》則各篇之來源各別，如前說，古人本不使其互相羼雜，亦不以之互相訂補也；所以又有編年體，與之並行。

編年體最便於通覽一時代的大勢：任何一件事

情，都和其四周的情勢有關係，不考其四周的情勢，則其事為無意義。然欲將四周情勢敘述完備甚難；過求完備，又恐失之過繁。而時間為天然的條理，將各事按其發生之先後排列，則每一事之四周情勢，及其前因、後果，均可一目了然，此編年史之所以似繁雜而實簡易也。現在學生讀史的，往往昧於一時代的大勢，甚至有朝代先後亦弄不清楚的。這固由於其人的荒唐，然亦由所讀的歷史，全係紀事本末體，各事皆分開敘述之故。倘使讀過一種編年史，就不至於此了。此供學習用的歷史，所以貴諸體並行也。編年史在統一的時代要，在列國並立或統一後又暫行分裂的時代為尤要；歐洲歷史分裂時長，又較中國為要。現在世界大通，中外史事互有關係，則追溯從前，亦宜知其相互間之關係；即無直接關係，亦宜將其彼此間的情勢，互相對照。然則合古今、中外，而用編年體作一簡要的新史抄，實於史學大有裨益也。編年史有兩種體裁；一如《通鑑》，逐事平敘，與單看《左傳》同。一如《綱目》，用簡單之語提綱，其筆法如《春秋》經，事情簡單的，其下即無復文字；繁複的，則於下文詳敘，低一格或雙行書之，謂之目。綱、目合觀，恰如將《春秋》與《左傳》合編一簡。編年史年代長者，一事在於何時，不易檢索。因此，溫公作《通鑑》，曾自撰《目錄》。然《目錄》實不完全，且

別為一編，檢索仍覺不便。若《綱目》，則閱覽時可兼看其目；檢索時可但看其綱，而所檢索者即係本書，尤較另編目錄為便利。朱子創此體以救《通鑑》之失，實為後勝於前，不能以其編纂不如《通鑑》之完善而並訾之也。讀《通鑑》時，宜隨意取一兩年之《綱目》，與之並讀，以見其體裁之異同。且最適於作長編。作史必先搜集材料，材料既多，勢必互有異同，互相重複，故必依一定之條理，將其編排，則同一之材料，自然匯合到一處；重複者可去，異同者亦不待考校而是非自見；其或仍不能判，即可兩說並存矣。條理如何，初無一定，要必依其事之性質，實即其事所自具也。時間為最普遍的條理。無他種條理可用時，時間的條理必仍存。即按他種條理分類，每一類之中，時間之先後，仍不可不顧也。

在歷史年代不長時，得此已覺甚便；一長就不然了，一事的始末，往往綿亘數十百年，其伏流且可在數百千年以上，閱至後文，前文已經模糊了，要查檢則極難。所以又必有紀事本末體，以救其弊（必時間長乃覺有此需要，此紀事本末一體，所以必至袁樞因《通鑑》而始出現也）。

有此三者（謂紀傳、編年、紀事本末三體也。紀傳體以人為主，固不免將事實割裂；然人亦自為史事一重要之因素，非謂其能創造時勢，乃謂其能因應時

勢，代表時勢之需要耳。故鈞求理亂興衰一類的事實者，非有編年、紀事本末兩體以補經傳體之缺不可，而紀傳體又卒不能廢也），理亂興衰一類的事實，可謂很有條理系統，編纂者都能使之就範了。

然典章經制，亦宜通覽歷代；而正史斷代為書，亦將其尺寸割裂。於是又有政書以彌其憾。有此四者，而舊日史家所重視的政治事項，都能俯就編纂者的範圍了。

（二）讀舊史門徑之門徑：《資治通鑑》和《文獻通考》

讀書宜先博覽而後專精。世界上一切現象，無不互相關聯。萬能博士，在今日固然無人能做，然治學者，①於普通知識，必宜完具；②與本人專治的學問關係密切的科目，又宜知之較深；③至於本科之中各方面的情形，自更不必說了。所以要治史學者，當其入手之初，必將昔人認為最重要之書，先作一鳥瞰（一切事無不互相關聯，所以專治一事者，於他事亦不可茫無所知。近來有偽造唐初鈔票以欺人者，人亦竟有受其欺者，即由近人之治學門徑太窄之故。若於唐代社會經濟、貨幣、官制、印刷術等方面的知識稍形廣闊，即知無論從哪一方面立論，唐初決不能有鈔票也）。然以中國史籍之多，即將最重要的部分作一鳥瞰，已經

不容易了。於此，我們就要一個「門徑之門徑，階梯之階梯」（張之洞《輶軒語》中語。《輶軒語》者，張之洞任四川學政時，教士子以治學門徑之作也）。

於此，我以為學者應最先閱覽的，有兩部書：

一為《（資治）通鑑》。此書凡二百九十四卷，日讀一卷，不及一年可畢。讀時必須連《注》及《考異》讀。《注》中關係官制、地理之處，更應留心細讀。這兩門，是胡身之（即胡三省）用功最深處，可見得古人治學之細密。凡治史，固不必都講考據，然考據之門徑，是不能不知道的；於注釋亦應留意；否則所據的全係靠不住的材料，甚至連字句都解釋錯了，往往鬧成笑柄。如胡適之，昔年疑井田制度時，稱之為豆腐乾式，將昔人設法之談（設法，謂假設平正之例），認為實事，已可笑矣，猶可說也。後乃誤古書之方幾里者為幾方里。不但振振有辭，且於紙角附以算式。逮為胡漢民指出，乃曰：我連《孟子》都忘了。其實此乃根本沒有懂，無所謂忘也。旋又據今日之經緯度而疑《漢書・西域傳》所載各國道里為不實，作為古書數字不確之證。不知《漢書》所載者，乃人行道里；經緯度兩點間之直線距離，則昔人謂之天空鳥跡；截然兩事，明見《尚書・禹貢》疏。不讀《禹貢》疏，甚而至於不讀《孟子》，本皆無足為奇；然欲以史學家自居而高談疑古則繆矣。其說皆見昔年

之《建設雜誌》。

次為《文獻通考》。論創作的精神，自以《通典》為優；然《通考》所分門類，較《通典》更密，不可謂非後起者勝。且馬君所附考證，議論亦不乏，非徒能排比也。章實齋（即章學誠）譏為策括之流，蓋於此書實未細讀，後人附和之，非知言也。《通志》二十略中，《六書》、《七音》、《校讎》、《圖譜》、《金石》、《昆蟲》、《草木》等，為舊時史志及《通典》、《通考》所無，然非初學所急。故但就《通考》中裁取若干門類。可擇讀以下諸門：《田賦考》七卷，《錢幣考》二卷，《戶口考》二卷，《職役考》二卷，《征榷考》六卷，《市糴考》六卷，《土貢考》一卷，《國用考》五卷，《選舉考》十二卷，《學校考》七卷，《職官考》十一卷，《兵考》十三卷，《刑考》十二卷，《封建考》十八卷；共一百零四卷，日讀一卷，三個半月可畢。

此外，章實齋在其所著《文史通義》中，竭力強調別編文徵，以補後世有關係的文字太多，正史不能備載之缺。此即予所言治史宜兼考集部中不屬於記載部分之理。凡纂輯歷代文字者，如《全上古三代秦漢三國六朝文》等，固均有此作用。

（三）其他可讀之入門書

然其時代最近，讀之易於了解，且易感覺興味

者，要莫如賀耦庚（即賀長齡）的《經世文編》（此書題賀耦庚之名，實則魏默深〔即魏源〕先生所輯。續編有數種，內容之豐富，皆不逮之）。可隨意泛覽數卷，以見其體例。前人讀史，能專就一事，貫串今古，並博引史部以外的書籍，以相證明，此可見其取材之廣。

而深求其利弊的，莫如顧亭林（即顧炎武）的《日知錄》，亭林此書，就所搜集之材料觀之，似尚不如今人所作專題論文之廣，然昔人之為此，意不在於考據，故於材料，必有關論旨者然後取之，餘則在所吐棄，非未曾見也。嚴格論之，必如此，乃可稱為著述；徒能翻檢抄錄，終不離乎比次之業耳。可先讀其第八至第十三卷。

其包孕史事、意在徹底改革，最富於經世致用的精神的，莫如黃梨洲（即黃宗羲）的《明夷待訪錄》，卷帙無多，可以全讀。

清代考據家之書，錢辛楣（即錢大昕）的《廿二史考異》，最善校正一事的錯誤；王西莊（即王鳴盛）的《十七史商榷》，長於鈎稽一事的始末；趙甌北（即趙翼）的《廿二史劄記》，專搜集一類的事實，將其排比貫串，以見其非孤立的現象而發生意義；均宜隨意泛覽，以知其治學的方法。此等並不費時間。然則我所舉第一步應讀之書，苟能日讀一卷，不使間

斷，為時不過一年餘耳。

三、治古史的前提

必有人譏議我所舉的不周不備。既讀《通鑑》，
如何不讀《續通鑑》、《明通鑑》或《明紀》呢？既
讀《通考》，如何不讀《續通考》、《清通考》、《續
清通考》呢？難道所知者只要限於五代、宋以前麼？
殊不知我所言者，乃為使初學者窺見舊時史籍體例起
見，非謂以此使其通知史實。若要通知史實，則所求
各有不同，人人宜自為之，他人豈能越俎代庖，一一
列舉？

老實說，所謂門徑，是只有第一步可說；第二
步以下，就應該一面工作，一面講方法的。方法決不
能望空講，更不能把全部的方法一概講盡了，然後從
事於工作。譬如近人教人讀史時，每使之先讀《史
通》、《文史通義》。此兩書誠為名著，然其內容，均
係評論前人作史的得失；於舊史全未寓目，讀之知其
作何語？講亦何從講起？所以我所舉初學應讀之書，
就不之及了。

史部書目分類，歷代各有不同，然大致亦相
類。今試舉最後的清代《四庫書目》為例，則我所指
為史部重心的，實為正史、編年、紀事本末、政書四

類。居今日而治史學，重要者固不盡於此；然此四者，仍不失其最重要的性質，說已具前。四類書中，我所舉者，僅及編年、政書兩類。因正史事實割裂，初學不易讀；紀事本末，則讀《通鑑》時可以翻閱其目錄，知一時代之中共有幾件大事，而欲查檢前文時，亦可於此中求之，則不待讀而已可通知其體例矣。此四類之外，曰別史，係體裁與正史相同，而未列為正史者；曰雜史，則體例與正史相異，而所紀事實，與之相類者；曰詔令奏議，則文徵之一部分耳；曰傳記，專考一人之行事，正史中之列傳，尚且從緩，此自暫可擱置；曰載記，係記偏方諸國之事者，少數民族之歷史，或包含於其中，於研究此問題者，甚為重要，初學亦難遽及；曰時令，此本不應入史部，講經濟史者，於治農家之書時，可供參考耳；曰職官，既從《通考》中知其大略，一時自不必求詳；曰目錄，治學術史時宜求之，此時亦可不及；曰史評，最要者為《史通》、《文史通義》兩書，此時之不能讀，正文中已言之矣。惟地理一門，知其大概，亦頗切用。昔人於此，均先讀《讀史方輿紀要》。此書之觀點，太偏於軍事，然在今日，尚無他書可以代之。學者若能取其《總論歷代州域形勢》九卷，與一種州郡名較完全的讀史地圖對照；於各省，則取其論封域及山川險要者，及各府下之總論，粗讀一過，費

時亦不過月餘耳。

史部之書，初學第一步當讀者，略盡於此。雖簡易，似不失之陋。亦從工作中求門徑，非空講方法也。經、子之學，於治古史者關係最大，別見下節。子部中之醫家、天文、算法、術數、藝術等，治專門史者乃能讀之。較普通者，為關涉農、工二業之農家、譜錄兩類，亦非初學所及也。

四、初讀求速不求甚解

凡讀書，決無能一字一句，無不懂得的。不但初學如此，即老師宿儒，亦係如此。吾鄉有一句俗話說：「若要盤駁，性命交託。」若讀書必要一字一句都能解說，然後讀下去，則終身將無讀完一部書之日，更不必說第二部了。其實，有許多問題，在現時情形之下，是無法求解的；有些是非專門研究，不能得解；即能專門研究，得解與否，仍未可知的；有些雖可求解，然非讀下去，或讀到他書，不能得解，但就本文鑽研，是無益的；並有些，在我是可不求甚解的。不分輕重緩急，停滯一處，阻塞不前，最為無謂。所以前人教初學讀書，譬諸略地，務求其速，而戒攻堅。但定為應讀的，略讀則可，越過則不可；因為越過是不讀，非略讀耳。

第　六　章

隋唐五代史和宋明文化

　　呂思勉選註《新唐書》（上海：商務印書館，1928年），是北宋歐陽修、宋祁著《新唐書》的節選註本，選志五篇、傳十七篇，並加註釋。書前有選註者撰寫的〈序〉。作為「學生國學叢書」的一種，可供大學生研習唐史的參考。

　　《隋唐五代史》是呂思勉四種斷代史著作中最後的一部，他晚年傾注心力於此，頗具份量，乃研習隋唐五代史必讀之書。

　　呂思勉的《宋代文學》，在同類題材的著述中屬早期之作，雖為一小著，然而流通頗廣。據其講義編成的《理學綱要》，較集中地反映了呂氏對宋明理學的見解。隋唐五代、遼宋夏金至元明兩代的政權更替史事，讀者先要有概略的認識。（表11）

表 11　隋至清朝年代一覽表

朝代／時代	年代	年數	都城
隋朝	公元 581 年－618 年	共 38 年	長安（今陝西西安）
唐朝	公元 618 年－907 年	共 290 年	長安（今陝西西安）
周（武周）	公元 690 年－704 年	共 15 年	
五代十國	公元 907 年－960 年	共 54 年	
後梁	公元 907 年－923 年	共 17 年	汴（今河南開封）
後唐	公元 923 年－936 年	共 14 年	洛陽（今河南洛陽）
後晉	公元 936 年－946 年	共 11 年	汴（今河南開封）
後漢	公元 947 年－950 年	共 4 年	汴（今河南開封）
後周	公元 951 年－960 年	共 10 年	汴（今河南開封）
吳	公元 902 年－937 年	共 36 年	揚州（今江蘇揚州）
南唐	公元 937 年－975 年	共 39 年	金陵（今江蘇南京）
吳越	公元 907 年－978 年	共 72 年	杭州（今浙江杭州）
楚	公元 907 年－951 年	共 45 年	長沙（今湖南長沙）
閩	公元 909 年－945 年	共 37 年	長樂（今福建福州）
南漢	公元 917 年－971 年	共 55 年	廣州（今廣東廣州）
前蜀	公元 903 年－925 年	共 23 年	成都（今四川成都）
後蜀	公元 933 年－965 年	共 33 年	成都（今四川成都）
荊南（南平）	公元 924 年－963 年	共 40 年	荊州（今湖北江陵）
北漢	公元 951 年－979 年	共 29 年	何東（今山西太原）
宋朝	公元 960 年－1279 年	共 320 年	
北宋	公元 960 年－1127 年	共 168 年	東京（今河南開封）
南宋	公元 1127 年－1279 年	共 153 年	臨安（今浙江杭州）
遼朝	公元 916 年－1125 年	共 210 年	上京（今遼寧巴寧左旗附近）
大夏（西夏）	公元 1038 年－1227 年	共 190 年	興慶（今寧夏銀川）
金朝	公元 1115 年－1234 年	共 120 年	會寧（今黑龍江阿城）

朝代／時代	年代	年數	都城
元朝	公元 1271 年－1368 年	共 98 年	大都（今北京）
明朝	公元 1300 年－1644 年	共 277 年	南京、北京
南明	公元 1644 年－1661 年	共 18 年	
清朝	公元 1644 年－1912 年	共 268 年	北京

第一節　晚年完成的《隋唐五代史》

　　呂思勉的《隋唐五代史》，在 1949 年以前以十年時間寫成，是他生前致力撰述的最後一部著作，去世後始由北京中華書局於 1959 年出版。書前有中華書局上海編輯所撰寫的出版說明，內容着重分析呂氏此書的指導思想和編纂方法。1964 年另有香港太平書局版，在學界流傳較為廣泛。此書分上、下冊，與呂氏的《兩晉南北朝史》相銜接而又獨立成書。

　　治史者多以漢唐並稱，呂思勉對此提出了自己的看法。他認為，隋唐五代與後漢至南北朝極為相似，而與前漢則無相似之處。前漢威加四夷，但夷狄久居中國的很少；後漢則不然，少數民族紛紛入居塞內或附近地區，終於釀成五胡擾亂中原的形勢。唐代諸胡入關，及此後在北方長期割據稱雄，並與漢人分立，與後漢的情況是頗相似的。

漢末黃巾起義造成州郡割據，而終分裂為三國，與唐末黃巢起義而終裂為五代十國，也有相似之處。魏、晉以來釋、老大盛，和唐代之後宋代理學大興，反映了人們不求改革社會的消極心態，強制抑壓自身欲念，藉此嚮往平靜安樂。

《隋唐五代史》分為兩部分：上半部為政治史，由第一至第十四章，敘述了隋唐五代三百八十多年間的進程，指出這是中國封建社會高度發展的階段，從中總結了很多歷史教訓。由隋代興亡到唐代初盛，到武韋之亂到開元、天寶年間的治亂情況；繼而分析安史之亂後的形勢，包括唐代中葉德宗和順、憲、穆、敬四朝事跡，以致唐代衰亡和五代興替始末為止。書中既重視社會和政治原因，又注意君主個人在歷史上的作用，對一些帝王作了評價，例如說隋文帝於外國「則志在攘斥之以安民，而不欲致其朝貢以自誇功德，……雖無赫赫之功，求其志，實交鄰待敵之正道也」。

呂思勉認為唐太宗渴於求賢，破格任用，亦誠有不可及者，但其人究係武夫，且家世漸染北俗，驕暴之習卒難盡免。在位期間屢興軍役勞役，人民頗受其累，所謂「太平景象」不免是溢美之辭，史家應全面評價唐太宗其人。

《隋唐五代史》後半部是經濟文化史，分述這時

期的社會組織、社會等級、人民生計、實業、人民生活、政治制度、學術和宗教發展。書中尤其重視唐代政治制度和文化學術，對標誌唐代經濟繁榮的事項如錢幣、賦稅等亦詳加探討。[1] 又指出荊、揚二州的農業冠於全國，「天下大計，仰於東南」，而農業興盛，主要是由於水利的興修及屯田所起的作用，稱許五代時張全義在洛陽屯田「為治之妙」，並且說明推行科技對促進農業生產的作用。

書中既講科舉之制，亦講舉官之制；對分科情況、考試方法、科舉得失流弊以及當時防弊的方法，都作了具體探討。而於內部各族和周邊各國的關係，亦給予應有的重視，包括唐文化在朝鮮、渤海、日本的傳播，以及對南方諸國、西北諸國和少數民族地區的影響。天寶以後，內亂紛紜，已無暇顧及域外之事，「然其餘威振於殊俗者既久，故四方諸國，來朝貢者尚多，而其文教之漸被於東方者為尤廣焉」。[2]

呂思勉對於當時學者的一些看法，採取不同態度和見解。例如在談論風俗時，認為陳寅恪《唐代政治史述論稿》所說，「唐中葉以後河北實為異族所薦居，三鎮之不復，非徒政理軍事之失」，並不恰當。呂思勉說：「健武之俗，習於戰鬥則自成，割據久而忘順逆，亦為事所恆有，初不關民族異同。」從而指出「陳氏之論，於是乎失之固矣。然謂東北風俗之

變，由於其民多左衽固非，而是時東北風俗，有一劇變，則固不容誣也」[3]。呂思勉又指出，陳寅恪所說山東尚經學、守禮法的舊族和新興崇尚文辭之士有矛盾，其後衍為唐中葉以後朋黨之局，這一說法「實未免求之深而反失之也」。在呂氏看來：

> 尚經學，守禮法者，山東之舊風，愛文辭，流浮薄者，江東之新俗。以舊日眼光論，經學自貴於文辭，禮法亦愈於浮薄。然北方雜戎虜之俗，南方則究為中國之舊，統一之後，北之必折入於南者，勢也。故隋唐之世，文辭日盛，經學日微，浮薄成風，禮法凋敝，實為大勢所趨，高宗、武后，亦受其驅率而不自知耳。以為武后有意為之，以抑壓唐室之世族，又求之深而反之矣。[4]

　　總的來說，呂思勉的《隋唐五代史》與同類著作比較，書中對歷史人物的評價、典章制度的得失、文化學術的演變，均提出很多不同的意見。上述有關的介紹，具體地反映了出來。[5] 在中國斷代史研究中，隋唐五代史是最為可觀的，名家輩出，著述繁多，不同觀點雜沓紛陳，實在難有定評，呂思勉此書是其表

表者，則為學界所認同。至於個別的議論，是否完全恰當，陳氏、呂氏見解孰是孰非，仍有待專家學者作進一步之探研。

論者亦推崇呂氏《隋唐五代史》在撰述方面的考究，指出「該書在史料的搜集、排比上，下過不少功夫，主要史料來源都注有出處，有的還有注釋和考訂，尤其是下冊，各種制度原來的史料分散，經過作者的搜集和排比、考訂，便於研究參考」。[6]

第二節　宋代文學史概說

呂思勉著《宋代文學》（上海：商務印書館，1931年），用淺近文言撰寫，扼要闡述宋代各體文學的代表作家和作品，究明其演變和發展脈絡，整體上是相當全面的，而又條理清晰。論者指出，此書可視為宋代文學史的早期代表作，其觀點議論具有二十世紀早期的清明樸實，非如後來受各種所謂「範式」拘限者。[7]

《宋代文學》僅為一百二十頁的小著，內容共有六章，第一章為概說，主要論述宋代文學在中國文學史上的位置，指出「至宋世而古文之學乃大昌。歐、曾、蘇、王，各極所致。普通應用文字，亦多用

散文。而散文始與駢文，成中分之勢矣」。唐、宋之世，實古文、白話同時並進（二者皆為散文），而駢文仍得保其相當之位置。[8]此書其餘五章，分述宋代古文、駢文、詩、詞曲、小說。

宋代為古文者，始自柳開，初興之時，難免有艱澀之病。至於歐陽修，而後可稱大成，其文極平易，遂為一代文宗。歐陽修嘗與宋祁同修《唐史》，又嘗自撰《五代史》，呂思勉指出：「史書文字之佳者，以此為斷。自《宋史》而下，悉成官書，無足觀矣。（此係就文論文。史書當尚文學與否，別是一事。）《五代史》出於獨纂，尤為精力所粹。」[9]呂氏精專隋唐五代史，有關史書多成於宋代文人，其注意及於宋代文學，實與此有關。

論三蘇之文，認為各有特色：「筆力堅勁，以老泉（蘇洵）為最。然老泉好縱橫家言，恆以權譎自喜，而其言實不可用。故其議論，多有不中理者。」至於蘇軾，則見解較其父為高，能見事理之真，「雖亦不脫縱橫之習，然絕去作用處，時或近於道家。非如老泉一味以權術自矜也」。尤妙在能以明顯之筆達之。晚年文字，則心手相忘，獨立千載。其弟蘇轍之文，不如乃父之雄奇，才思橫溢且非乃兄之敵，「然議論在三家中最為平正，文亦比較有夷猶淡蕩之致，則亦非父兄所能也」。[10]

《宋代文學》專設駢文一章，是後來一般的文學史著述所忽略的。開章明義，謂「駢文至宋，亦為一大變。──以宋代之駢文，與唐代之駢文較，則唐代之駢文，可謂駢文中之駢文；而宋代之駢文，可謂駢文中之散文矣。……所長在此，所短亦在此」。[11]〈宋代之詩〉一章甚詳，謂唐詩意在言外，宋詩意盡在句中，而別闢一境界。宋代詞流衍而為元、明、清三朝之曲，唐詩、宋詞、元曲，皆為代表一時代之文學。末尾一章論宋代小說，指出「所苞含者愈廣，述事愈細，而文體益縝密也。小說進化之端甚多，此兩端，為其犖犖大者。讀宋代小說，可以此觀之」。[12]

第三節　對宋明理學的看法

1926 年，呂思勉在上海滬江大學講授「中國哲學史」，其後以這一科的講義為基礎，整理修改而成《理學綱要》（上海：商務印書館，1931 年）。此書計十五篇，在設置上頗有特色。〈序〉中指出：理學與國人之思想關係甚深，然其書率多零碎缺乏條理，雖有學案之作，人猶病其繁重，卒不能得其要領。「是書舉理學家重要學說，及其與前此學術思想之關聯，後此社會風俗之影響，一一繫其大要，卷帙雖少，綱領

略具，讀此一編，於理學之為何學問可以知其大概矣。」[13]

〈理學之原〉，略謂：「中國古代之哲學，乃理學家之所取材也。佛教之哲學，則或為其所反對，或為其所攝取者也。明乎此，而理學可以進論矣。」次以〈理學源流派別〉，認為以理學名家者，自宋迄今無慮千人；然其確有見地不與眾同者，不過十餘家耳。以下數篇，分述濂溪之學、康節之學、橫渠之學、明道伊川之學、晦庵之學、象山之學、浙學。數術非中國哲學正宗，然亦自成一派，且與社會思想關係頗深，世多目為索隱行怪，甚或斥為迷信，非也。總結〈宋儒術數之學〉一篇敘之。

下至明代，有〈陽明之學〉、〈王門諸子〉、〈有明諸儒〉三篇。「前乎陽明者，如白沙，則陽明之先河。與陽明並時者，如甘泉，則與陽明相出入。後乎陽明者，如蕺山，如見羅，則與陽明小異其趣者也。」蓋以陽明為中心，從而對明代理學有所鈎稽。[14]

呂思勉《宋明理學》一書之〈總論〉，強調理學之特色，在其精微徹底；以其所求之徹底，故其所為必衷諸究極之是非；而尋常人就事論事之言，悉在所不取。凡事皆欲從源頭上做起，皆欲做到極徹底，而所言遂不免於迂闊，此亦理學之一弊。眼光看得極

遠，而於目前之情形有所不悉，遂不免於蹉跌，此則理學之弊。

　　理學自創始迄今，信從者固多，攻擊者亦不少，綜所攻擊，不外兩端：一病其空虛無用，一以為不近人情而已，實皆理學末流之弊。至於理學之真，則自有其卓然不可沒者。總的來說，此書較重視每一學派的承緒傳衍，亦注意於辨明不同學派之間的異同，釐清了宋明理學史的脈絡。例如講象山之學，既溯源析流，又指出「實陽明所自出，故其言有極相似者」。此外還辨象山與陽明之異同，以及朱陸異同。

註釋：

[1]　《二十世紀中國學術要籍大辭典》，張將鋒〈隋唐五代史〉條，頁 480。

[2]　呂思勉著《隋唐五代史》上（北京：中華書局，1959 年），頁 709。

[3]　呂思勉著《隋唐五代史》下（北京：中華書局，1959 年），頁 779－782。

[4]　同上註，頁 783。

[5]　劉凌、吳士余主編《中國學術名著大詞典‧近現代卷》，袁英光〈隨唐五代史〉條，頁 643－644。

[6]　謝保成、賴長揚、田人隆編《中國史書目提要》（鄭州：中州古籍出版社，1991 年），〈隨唐五代史〉條，頁 88－89。

[7]　呂思勉著《宋代文學》（太原：山西人民出版社，2014 年），梁歸智〈前言：猛回頭，那支支紅燭——二十三種民國文學研究著作概覽〉，頁 13。

[8]　呂思勉著《宋代文學》，頁 6。

[9]　同上註，頁 14。

[10]　同上註，頁 16－18。

[11]　同上註，頁 31。

[12]　同上註，頁 120。

[13]　呂思勉著《理學綱要》（長春：吉林出版集團股份有限公司，2016 年），〈序〉，頁 1。

[14]　張林川、周春健著《中國學術史著作提要》，〈理學綱要〉條，頁 141－142。

呂著選讀

治古史之特殊方法
選自《中國史籍讀法》第七節（1954年）

上節所說，乃係指普通欲讀中國舊史者而言；如性喜研究古史的，則更須有一種特殊的預備工作。

一、當以治經、子的方法治古史

此所謂古史，古、近之分，大略以周、秦為界。史事必憑記載，有無正式的記載，實為歷史上一道鴻溝。我國在秦及漢初所傳的史實，固多根據傳說，全不可信。然史實的來源，雖係傳說，而作史者所根據的材料，則多係記載；且其記載多係為記載而記載，而非憑藉別種著述流傳下來。當此時期，我們就算它有正式的記載了（史公所記漢興時事，《漢書‧司馬遷傳贊》謂其出於《楚漢春秋》，此非指陸賈所著；春秋二字，為古史籍之通稱，蓋凡記楚、漢間事者皆屬焉。其書既可總括稱為春秋，必係為記事而作；非發表主觀見解，引史事為佐證，甚或出於虛構者矣。秦、漢間史跡，仍有帶此等性質者。如《史記‧李斯列傳》載斯在獄中上二世書，論督責之術以求免，蓋儒家詆毀法家者所為。《婁敬傳》載敬說漢

高祖移都關中，其辭全為儒家之義〔見《呂覽·恃君覽》〕，蓋亦儒家所附會也。然此等漸少，故論史籍原料者，有書籍為據，與有史籍為據，仍係兩事也）。這種轉變，大體以周、秦為界。所以治周以前的歷史，即所謂先秦史者，是有一種特殊的方法的，但知道普通讀史方法還嫌不夠。

讀古史的方法如何？即治經、子的方法而已。因為古史的材料，都存於經、子之中。所以治古史的，對於治經、子的方法，是不必如治經、子之學者之深通，亦宜通知至足以治古史的程度。史事前後相因，後世之事，無不導源於古。所以治古史之法，但欲讀普通史者，亦不可全不知道；不過較專治古史者，又可淺近一些而已。因其方法特殊，所以別為一節論之。讀者可視其對於古史興味的深淺，以定其對於本節所說用功的深淺。

把書籍分為經、史、子、集四部，乃係後世之事；在古代則無集而只有子，說已見前。現存最古的書目，實為漢時劉向、劉歆父子所定的《七略》。《漢書·藝文志》，即本此而成。此為漢時王室藏書的目錄。其所藏庋頗富，故據之以論古代學術的流別，最為完全。近人講古代學術流別，多喜引《莊子·天下》、《荀子·非十二子》、《淮南子·要略》，及《史記·自序》載其父談論六家要旨之辭，此等誠

皆極寶貴之材料，然皆不如《漢志》之完全。因其時代較早，學術尚守專門；所以書籍的分類，和學術的分類，大致相合，深為後人所景仰。其實此乃時代為之，不關編次者之本領也。《七略》中的《輯略》，僅總論編輯之意，其中並無書目。《六藝略》即群經，因漢人特尊儒家，乃別之於諸子之外，其實儒家亦諸子之一，說已見前。《兵書》、《數術》、《方技》，各為專家；因校讎者異其人，所以書亦各為一略，以學術流別論，自當列為諸子之一。《詩賦略》專收文辭、記事之書，並不別為一類。今之《史記》，《漢志》稱為《太史公書》，特附《春秋》之末而已。然則就心理根據言之，其時根於記憶的記載，尚未與根於理智的學術分張，而特與根於情感的文辭對立也。《詩賦略》中的書，後世亦多入子部。然則欲治古史者，其材料，信乎都在經、子之中了。

二、治經、子的門徑

經、子，我們本平等相看，然自漢以後，儒家之學盛行：一，其書之傳者獨多；二，而其訓釋亦較完備。借徑於治經以治子較易，而獨立以治子，則殆不可能。所以要治古史的，於經學，必不可不先知門徑。

（一）治經的門徑：細讀經文與略知訓詁

治經的門徑如何？

第一先須細讀經的本文。凡書經熟讀，則易於了解，而治之不覺費力，且隨處可以觸發。從前讀舊書的人，小時都熟誦經文，所以長大了要治經較易。現在的學子，這一層功夫都沒有了，再要補做，既勢不可能，而亦事可不必。因為一一熟誦，本來亦屬浪費也。但古經、子究較後世之書為難解，讀時用力稍多，則勢不能免。所以對於古史有興味的人，最好能於群經中先擇一種淺近的注解（此只求其於本文不太捍格，可以讀下去而已。既非據為典要，故任何注釋皆可取，總以簡明易看為主），閱讀一過。覺得其有用而難解之處，則多讀若干遍，至讀來有些習熟，不覺費力為止。群經本文無多，昔人言讀注疏雖不甚費力，亦一年可畢（譚仲修語），況於擇取淺近的注？為時不逾一載，可以斷言。

第二須略知訓詁。讀古書須通古代的言語，人人所知。訓詁本身，亦為一種學問，治古史者，自不必如治小學者之專精；只須通知門徑，遇不應望文生義之處，能夠知道，能夠查檢而已。其第一部應讀之書，仍為《說文解字》（無論鐘鼎、甲骨文字，考釋者均仍以篆書為本。不知篆書，不徒自己不能解釋；即於他人之解釋，亦將不能了解也）。此書看似

枯燥，但其中的死字可以看過便棄；熟字只有固定意義的，亦不必究心（如鯉字是。虎字同為動物名；然有虎虎有生氣等語，其含義便較廣）；只其有引申、假借的，須注意以求通知其條例（字之妙用，全在引申、假借。若每字只有一義，則單字必不夠用。若有一義即造一字，則單字將繁極不堪，不可復識矣。且文字所以代表語言，語言以音為主，音同義異，而各別造字，而義之同異，各人所見不同，益將紛然淆亂矣。一種言語內容的豐富，固恃複音之辭之增多，亦恃為複音之辭之基本之單字含義之豐富。單字含義之豐富，則一由引申，一資假借。引申者，同一語言，而含多義，自不必別造一字；假借者，本係兩語，而其音相同，於其不虞混淆者，亦即合用而不別造，皆所以限制單字之數者也）。如此，則全書字數雖有九千餘，其所當注意者，實不過數百而已。全書十四篇，加《序》一篇，以段懋堂的《注》和王籙友的《句讀》，同時並讀（《說文》一書，久不可讀，清儒始創通條例，其首出者實為段懋堂，故段《注》雖專輒、錯誤處多，必不可以不讀。王籙友於《說文》，亦功力甚深，《句讀》係為初學而作，簡淺而平正，且可附帶知古書句讀之法，故亦宜一讀），假令半個月讀一篇，為時亦不過七個半月而已。又凡字都無十分固定的意義，隨着應用而都小有變化。此不能於訓

詁之書求之，非讀書時涵泳上下文不能得。此法至清代高郵王氏父子而始精，且幾乎可說，到他們而後創通。所以王伯申的《經傳釋詞》，必須一讀。不求記憶，而但求通知其條例，閱覽甚易。全書十卷，日讀一卷，可謂絕不費力。

（二）知漢、宋之別

經的本文既經熟習，訓詁亦有相當門徑；要研究古史的，自可進而閱讀各種注、疏（疏謂注之注，非專指匯刻之《十三經注疏》言）。但在閱讀注、疏以前，尚宜有一簡單的預備。

因為解經大別有漢、宋二流，講義理別是一事，治史則旨在求真，漢人之說，自較宋人為勝（漢儒理解之力，遠遜於宋儒。但宋儒喜據理推論，而不知社會之變遷，多以後世情形論古事，每陷於錯誤；漢儒去古近，所知古事較多，其言有時雖極可笑，究於古事為近真）；而漢學中又有今、古文兩派，對於經文的解釋，甚至所傳經文的本身，都時有異同，亦必須通知其門徑也。

學者於此，當先讀陳恭甫的《五經異義疏證》。此書乃許慎列舉今古文異義，加以評騭，而鄭玄又對許氏加以駁正者，今古文異義重要的，略具於此（今古文說，初非每事俱異。朱希祖曾在《北京大學月

刊》撰文，欲依「立敵共許」之法，取經文為今古文家所共認者，立為標準，然後據以評定其異義。不知異義之存，皆用此法不能評定者也。不然，從來治經者，豈皆愚，有此明白簡易之法而不之取邪？況就今學立場論，經文並不重於經說，因經學所重在義，義多存於口說中；且經文亦經師所傳，經師所傳之經文可信，其所傳之經說亦可信，所傳之經說不可信，則所傳之經文亦不可信。朱氏偏重經文，即非立敵共許之法也）。

次則《白虎通義》，為今文經說的薈萃。此書有陳卓人《疏證》，瀏覽一過，則於經學中重要的問題，都能知道一個大概，然後進而求詳，自然不覺費力，且可避免一曲之見（廖季平的《今古文考》現在不易得。此書論今古文之異，原於一為齊學，一為魯學，實為經學上一大發明。又前此分別今古文者，多指某書為今文，某書為古文；其細密者，亦不過指某篇為今文，某篇為古文。至廖氏，始知古書編次錯亂，不但一書之中，今古雜糅；即一篇之中，亦往往如此。分別今古文者，宜就其內容互相鉤考，方法可謂最密。廖氏中年以後，學說漸涉荒怪，然不能以此累其少作。此書如能得之，可以一覽，卷帙甚少，不費時也）。

經、子所重，都在社會、政治方面，此於治

經、子者固為重要；於治史者實更為重要也。《異義》三卷，《通義》十二卷，日讀一卷，不過半個月；合諸前文所舉，歷時亦僅兩年耳。

（三）治子的門徑：細讀文本與注釋

經學既有門徑，同一方法，自可推以治子。治子第一步工夫，亦在細讀子之本文。古子書重要的有：《老子》二卷、《莊子》十卷、《列子》（係晉張湛偽造，中亦間存古說，初學可暫緩）、《荀子》二十卷、《墨子》十五卷。

名家之學，道原於墨，見其書中之《經上、下》、《經說上、下》及《大取》、《小取》六篇。至惠施、公孫龍等而恢廓，見《莊子・天下》篇。名家之書，今有《公孫龍子》。其書《漢志》不著錄，必非古本；但辭義古奧，不似偽造，蓋古人輯佚之作，初學可從緩。《管子》二十四卷、《韓非子》二十卷、《商君書》五卷、《孫子》一卷、《吳子》一卷、《司馬法》一卷（亦出輯佚，無甚精義，可從緩）。《六韜》，論者以其題齊太公撰而指為偽。然古書用作標題之人，本不謂書係其人手著，特謂其學原出此人耳。此說並亦不足信，然與書之真偽無關，因此乃古人所謂「名其學」，當時學術界有此風氣也。《六韜》決非偽書，然多兵家專門之言，初學亦可暫緩。《呂氏春秋》

二十六卷、《淮南子》二十一卷（此書雖出漢世，多述古說，與先秦諸子無異）。《周書》十卷，此書世多稱為《逸周書》。逸乃儒家所用之名詞，詩、書等不為儒家之經所取者，則謂之逸。不站在儒家之立場上，實無所謂逸也。此書與儒家所傳之《尚書》，體裁確甚相似，然述武王滅殷之事，即大不相同，可見古所謂書，亦春秋、戰國時人作，其原出於古記言之史，然決非當時史官原作也。《戰國策》三十三卷，舊入史部，然《周書》實兵家言，《戰國策》實縱橫家言，《鬼谷子》偽書，且無價值。並諸子之一。《山海經》十八卷，舊亦入史部；《楚辭》十七卷，則入集部，二書中藏古神話最多，且最真，說已見前，並宜閱讀。

諸書合計二百二十二卷，日讀一卷，費時亦不及兩年也。注釋可擇淺近易曉者讀之，亦與讀經同。

三、以治經、子法讀古史舉例

讀古史必求之經、子，可試舉一事為例。

秦始皇之滅六國，實變諸侯割據的封建國家為中央集權的封建國家，其事在公元前二二一年，距今（一九五四年）不過兩千一百七十五年耳。自此以前，追溯可知的歷史，其年代必尚不止此。中國以中

央集權成立之早，聞於世界，然其與諸侯割據之比尚如此，足見其事非容易。此自為歷史上一大轉變，然其事跡，求諸古代的記載，可見者甚少；而求諸古人學說之中，則反有可見其概略者。

經書中言封建之制：今文為「公、侯皆方百里，伯七十里，子、男五十里，不能五十里，不達於天子，附於諸侯，曰附庸」（《禮記·王制》、《孟子·萬章下》篇）。古文則「公方五百里，侯四百里，伯三百里，子二百里，男百里」（《周官·大司徒》）。諸子之說，大致皆同（諸子書《管子》多同古文，因其與《周官》同為齊學也。餘皆同今文。觀諸子書不與今同，即與古同，即可知其非無本之說也）。

古書所言制度，非古代的事實，而為學者所虛擬的方案，理極易明，無待辭費。然思想亦必有事實為背景；而向前看，非向後看之理，昔人不甚了解，故其思想，又必較時代為落後。然則今文家的學說，蓋出春秋時，而其所欲仿行者，為西周初年的制度；古文家的學說，蓋出戰國時，而其所欲仿行者，為東周初年，亦即春秋時的制度。何以言之？按《穀梁》說：「古者天子封諸侯，其地足以容其民，其民足以滿城而自守也。」（襄公二十九年）此為立國自有其一定的大小，不容強事擴張，亦不容強加限制的原因。《左氏》說夏少康「有田一成」（哀公元年），此語當有

所本。《易‧訟卦》:「其邑人三百戶。」《疏》云:「此小國下大夫之制。」《周禮‧小司徒》:「方十里為成,九百夫之地,溝渠、城郭、道路,三分去一,餘六百夫,又以不易、一易、再易,定受出二百家。」《呂覽》謂「海上有十里之諸侯」(《慎勢篇》)。《論語》謂管仲「奪伯氏駢邑三百」(《憲問篇》),正指此。然則夏代的名國,在東周時,僅為小國下大夫之封了,可以見其擴張之跡。方百里之地,劃為一政治區域,在中國行之最久。此其形勢,蓋確定於春秋時。方七十里、五十里及不能五十里之國,在西周時,蓋尚當獲廁於會盟、征伐之列;然至東周之世,即寖失其獨立的資格,而淪為人之私屬(如《左氏》襄公二十七年弭兵之會,齊人請邾,宋人請滕,以為私屬,二國遂不與盟);而其時的大國,卻擴充至五百里左右(《禮記‧明堂位》說:「成王封周公於曲阜,地方七百里」;《史記‧漢興以來諸侯年表》說:周封伯禽、康叔於魯、衛,地各四百里;太公於齊,兼五侯地。皆後來開拓的結果,說者誤以為初封時事);據此形勢而擬封建方案者,就起於百里而終於五百里了。

　　然大於百里之國,初非將百里的區域撤銷,而改組為二百里、三百里、四百里、五百里的區域;乃係以一較大的區域,而包含若干個方百里的區域於其中。觀楚滅陳、蔡,以之為縣(《左氏》昭公十二年);

晉亦分祁氏之田為七縣，羊舌氏之田為三縣（《左氏》昭公二年）；商君治秦，亦併小都、鄉、邑聚以為縣（《史記·商君列傳》）；而秦、漢時之縣，仍大率方百里可知（《漢書·百官公卿表》），此一基層的官治單位，迄今未有根本的改變，所以說行之最久。而五百里左右的政治區域，則為郡制成立的根源。此為郡縣制度發生於割據時代的事實，亦即中央集權的封建制度，孕育於諸侯割據的封建制度之中。

至於方千里之國（《左氏》襄公三十五年，子產說其時的大國，「地方數圻」，圻、畿一字，則又大於方千里。蓋以其幅員言之如此；其菁華之地，則不過方千里而已，猶後世內地與邊郡之別也），則今、古文家同謂之王，在周以前，從無封國能如此之大，亦從無以此等大國而受封於人的，所以擬封建方案者，並不之及了（楚、漢之際及漢初封國，有大於此者，然只曇花一現而已）。

古人立說，主客觀不分，將自己所擬的方案，和古代的事實，混為一談，遂使人讀之而滋疑；然苟能善為推求，事實自可因之而見。且如今文家說巡守之制：歲二月東巡守，至於岱宗；五月南巡守，至於南嶽；八月西巡守，至於西嶽；十有一月北巡守，至於北嶽。這無論其都城在何處，巡完一方後回到都城再出，抑或自東徑往南，自南徑往西，自西徑往北，

以古代的交通論，都無此可能，其說似極不可信。然《孟子·梁惠王下》篇載晏子說巡守之制云：「春省耕而補不足，秋省斂而助不給」，則後世知縣之勸農耳，何來不及之有？古人所擬方案，皆本於此等小規模的制度而擴大之，而其方案遂實不可行；使其純出虛構，倒不至於如此不合情理了。足見其中自有事實，可以推求也。

舉此一事為例，其餘可以類推（今古文異說，今文所代表的，恆為早一期的思想，其中即隱藏着早一期的事實；古文則反是。如言兵制，古文的兵數，即多於今文）。

職是故，劉子玄所謂「輕事重言」之說，不得不常目在之，而利用經、子中材料的，不得不打一極大折扣。因為隨意演說的，往往將其事擴大至無數倍也。如禹之治水，如今《尚書·禹貢》等所說，在當時決無此可能。此在今日，已無待辭費。《書經·皋陶謨》（今本分為《益稷》），載禹自述之辭曰：「予決九川距四海，濬畎、澮距川。」九者，多數。川者，天然之河流。四海之海，乃晦字之義，四境之外，情形暗昧不明之地，則謂之海；非今洋海之海也。畎、澮者，人力所成之溝渠。然則禹之治水，不過將境內的溝渠，引導到天然的河流中；而將天然的河流，排出境外而已。《孟子·告子下》篇：白圭自

誇其治水「愈於禹」；孟子譏之，謂禹之治水，「以四海為壑，今吾子以鄰國為壑」，而不知禹之所謂四海，正其時之鄰國也。白圭蓋尚知禹治水之真相。《論語・泰伯》篇：孔子之稱禹，亦不過曰「盡力乎溝洫」而已。此等皆古事真相，因單辭片語而僅存者，一經隨意推演，即全失其原形矣。

又因主客觀不分，所以其所謂「寓言」者，明係編造之事，而可以用真人名（如《莊子・盜跖》篇載孔子說盜跖之事）；又可將自己的話，裝入他人口中。如本書所引婁敬說漢高祖之事即是。所重之言如此；而其所輕之事，則任其真相湮沒（凡單辭片語未經擴大者，其說皆可信，然其詳則不傳）。因此，讀古書的，於近人所謂「層累地造成」之外，又須兼「逐漸地剝落」一義言之，方為完備。而編次錯亂一端，尚不在內。其方法，就不得不極其謹嚴了。但古人的思想，所走的係兩極端。一方面，自己立說的，極其隨便；一方面，傳他人之說的，又極謹嚴。此即前所云傳信傳疑，及所據的材料、來源不同，不使其互相屬雜，亦不以之互相訂補之例。書之時代愈早者，其守此例愈嚴。太史公的《史記》，所以勝於譙周的《古史考》、皇甫謐的《帝王世紀》者以此，此義亦決不可以不知。

以上的工夫既已做過，即可試讀《史記》的一

部分，以自驗其能否了解、運用。中國所謂正史，必須以讀古史的方法治之者，實惟此一部也。說到此，則又須略論史籍的起源。

四、治古史當知史籍的起源

按古無史部之書，非謂其無歷史的材料；相反，歷史的材料正多，特其時的人，尚未知尊重客觀的事實，莫能編纂之以行世耳。史料的來源，可分為史官記錄、民間傳說二者；民間傳說，流傳的機會較少；傳世者實以史官所記錄為多，說已見前。此等情形，乃係逐漸造成，在古代則又有異。

古所謂史官，最重要者為左、右史。「左史記事，右史記言，言為《尚書》，事為《春秋》」（《禮記・玉藻》說：「動則左史書之，言則右史書之。」鄭《注》說：「其書，《春秋》、《尚書》其存者。」《漢書・藝文志》說：「右史記事，左史記言」，左右二字怕互訛。《禮記・祭統》說：「史由君右，執策命之」，亦右史記言之證也），這說法，大約是不錯的。《春秋》的體例，蓋原於邃古，其時文字之用尚少，而事情亦極簡單，因之記事的筆法，亦隨之而簡單；爾後相沿未改，其為物無甚興味，所以傳述者不多。而《尚書》一體，因記言擴及記行，遂成為後來的所

謂「語」，與古代社會口說流行的風習相結合，其體遂日以擴大（語之本體，當係記人君的言語，如今講演之類。其後擴而充之，則及於一切嘉言；而嘉言之反面為莠言，亦可存之以昭炯戒。記錄言語的，本可略述其起因及結果，以備本事；擴而充之，則及於一切懿行；而其反面即為惡行。如此，其體遂日以恢廓了。《國語》乃語之分國編纂者，《論語》則孔子之語之分類編纂者也。《史記》的列傳，在他篇中提及，多稱為「語」，如《秦本紀》述商鞅說孝公變法曰「其事在《商君語》中」是也。《禮記・樂記》述武王滅殷之事，亦謂之「牧野之語」）。此外記貴族的世系的，則有《系》、《世》，出於《周官》的小史及瞽矇。又凡一切故事，官家具有記錄的，總稱為「圖法」，即後世的典志。《呂覽・先識覽》：「夏之亡也，太史終古抱其圖法以奔商；商之亡也，太史向摯抱其圖法以奔周。」自戰國以前，歷史的材料，大致如此。

秦始皇的燒書，尸古書亡滅的總咎，實則其所燒者，不過官家所藏；若私家所藏，即所謂「詩書百家語」者，燒之必不能盡。然在戰國以前，除《世本》一書外，殆未有能編輯史官所記以行世者，故經始皇一燒而即盡，說見《史記・六國表》。《世本》一書，蓋私人所編輯，已在民間所藏「詩書百家語」之列，故為秦火所不及。然則以《世本》為最早的歷

史，為《史記》之前驅者，其說殆不誣也（洪飴孫撰《史表》，即以《世本》列於《史記》之前，居正史之首）。《世本》的體裁，見於諸書徵引者，有本紀，有世家，有傳，其名皆為《史記》所沿；有譜，則《史記》謂之表；有居篇、作篇，則記典章經制一類的事實，為《史記》所謂書，而《漢書》已下改名為志者。

《世本》原書已不可見，就《史記》而推其源，則本紀及世家，出於古左史及小史；表源於譜；傳者，語之異名，排列多人，故稱列傳（《列女傳》者，列女人之傳也。女、傳二字相屬，列、女二字不相屬。後人以列女為一名詞，實誤），此蓋源於右史；書則圖法之類也。今人每喜鑿言古之某書出於更古之某書；某人之學說源於較早的某人，或受其並時某人的影響。其實書闕有間，此事甚難質言（如《孟子·萬章上》篇說堯、舜禪讓，與《史記·五帝本紀》同，謂之同用孔門《書》說則可；近人鑿言史公用《孟子》，即無據）。然某書出於某書不可知，而其本源為古代某一類之書則可知；某說出於某人不可知，而其所據為某一派之說則可知。如晚出之《古文尚書偽孔傳》，斷言其為王肅所造，並無確據，然其為肅一派之學說則無疑。明於此義，則於現存之書，可以考見其本源，讀之更易明瞭；並可推考較現存之書更早一時期的學術狀況了。

五、疑古與證古

自疑古之說既起，人多以為古書之久經行世者，必多竄亂、偽造，其新發現者必真；書籍或不可信，實物則無可疑。因此，特重古物及新發現的古書。其言似極有理，然疑古亦有條理，不能執空廓之論硬套；而古物及新發現的書籍，亦盡多偽品，有所偏主而輕信之，有反上其當者。如汲塚所發現之古書，當時雖實有其物，然不久即悉行亡佚，無一傳諸後世。所謂《竹書紀年》，出於明人者固偽；即後人所輯之古本，亦未嘗不偽（可參看拙撰《晉南北朝史》第二十三章第八節〔頁一四五四至一四五九〕，又《先秦史》第四章〔頁三九〕及第七章第四節〔頁七六〕）。又如近代所謂甲骨文，其中偽物亦極多（可參看拙撰《先秦史》第二章〔頁二一〕）。此等材料，取用不可不極謹慎。至於古物，新發現者自不易欺人；其久經流傳者，真偽亦極難辨。章太炎曾謂：必（一）發現、流傳、收藏，確實有據；（二）又其物巨大，牟利者不肯為，好事者不耐心為之者，乃為可信，自屬穩健之說。予又益以發現、流傳、收藏，在古物不值錢之時、之地，較之在值錢之時、之地者，可信的程度較高。持此鑑別，亦庶幾寡過也。

第 七 章

中國近代史及專題研究

　　呂思勉的斷代史研究，由先秦史到隋唐五代史都備受推崇，實則他在中國近代史方面亦撰寫了不少著作，可讀性很高。專題書籍，有《國恥小史》和《日俄戰爭》。由鴉片戰爭至民初政局，加上對清朝末年影響甚巨的日俄戰爭，中國近代史的輪廓，已經具備了。

　　作為歷史學者，不論他是研究古代史抑或外國史，對自己國家的現代史是不能不關心的，發而為文，進而寫成專著，既是一種職責，也可說是份內任務。呂氏的中國近代史著述，在撰寫當時是「現代」史事，歷史學者的承擔，於此可見。

　　現時坊間所見呂氏的近代史著作總共有八種，《中國近代史講義》首尾俱備，《中國近世史前編》交代中國近代史的背景，此外還有《中國近百年史概說》、《中國近代文化史補編》、《本國史補編》、《中

國近代史表解》，連同《日俄戰爭》和《國恥小史》，都收錄於《中國近代史八種》一冊之中，《呂氏中國近代史》、《重讀中國近代史》等版，則輯入四至五種。（表12）

表12　呂氏中國近代史著作編次

合刊本／文集本　書名	《呂著中國近代史》（1997）	《中國近代史八種》（2005）	《重讀中國近代史》（2016）
1.《中國近代史講義》	✓	✓	✓
2.《中國近世史前編》	✓	✓	✓
3.《中國近百年史概說》	✓	✓	✓
4.《中國近代文化史補編》	✓	✓	—
5.《日俄戰爭》	✓	✓	—
6.《國恥小史》	—	✓	✓
7.《本國史補編》	—	✓	—
8.《中國近代史表解》	—	✓	—

第一節　中國近代史講義三種

呂思勉編著的中國近代史講義，主要有三種，深淺有度，大抵上說，《中國近世史前編》屬初階，

《中國近百年史概說》屬中階,《中國近代史講義》屬高階,內容重點亦有所不同,循序閱讀,有得心應手之效。(表 13)

表 13 中國近代史階段閱讀法提示

- 初階／第一段:(1) 《中國近世史前編》
- 中階／第二段:(2) 《中國近百年史概說》
- 高階／第三段:(3) 《中國近代史講義》 +(4) 《日俄戰爭》 +(5) 《國恥小史》

合刊本・文集本
《呂著中國近代史》
《中國近代史八種》
《重讀中國近代史》
《中國近代史》

《重讀中國近代史》(北京:新世界出版社,2016 年)依次收錄《中國近世史前編》、《中國近百年史概說》、《中國近代史講義》和《國恥小史》,最便階梯式研習。《呂著中國近代史》(上海:華東師範大學出版社,2007 年)編次,則由詳細到概略,並收錄《中國近世文化史補編》和《日俄戰爭》,亦方便閱讀。總括來說,《中國近代史講義》、《日俄戰爭》、《國恥小史》是呂思勉所撰三種較重要的中國近代史著作。

1.《中國近世史前編》

顧名思義，呂思勉著《中國近世史前編》可視為研究中國近代史的導讀材料。該稿原是他在上海光華大學任教時撰寫的講義，刊於《呂著中國近代史》、《中國近代史八種》；亦見於《重讀中國近代史》（北京：新世界出版社，2016 年），作為該書的第一篇，共八十頁，分為五章。各章篇目，依次是〈論中國近世史的性質〉、〈入近世期以前中國的情形〉、〈中西的初期交涉〉、〈鴉片戰爭和咸豐戊午、庚申之役〉及〈漢族的光復運動〉，內容從中英交涉到辛亥革命，作了扼要的介紹。

開宗明義，呂思勉高呼「轉變，偉大的轉變！」並將中國文化劃分為三大時期：（一）中國文化獨立發展時期；（二）中國文化受印度影響時期；（三）中國文化受歐洲影響時期。[1] 在第一期，社會組織的關係遠較政治組織為大：

> 中國在古代，本有一種部族公產的組織，其部族的內部，及其相互之間，都極為安和，此種文化，因交通範圍的擴大，各部族的互相合併而被破壞了。但其和親康樂的情形，永為後世所追慕，而想要恢復他，因為昔不明於社會組織的原理，所走

的是一條錯誤的路，因此，自東周至前漢之末，此種運動垂六七百年，而終於無成。[2]

呂思勉接着說：

自新室的革命失敗以後，我們遂認定現社會的組織是天經地義而不可變的。不以為社會的組織，能影響於人心，反以為人心的觀念，實造成社會的組織，遂專向人的觀念上去求改良。[3]

在這種情形之下，印度的哲學思想正適合此時的脾胃，遂與中國固有的哲學宗教合同而化，成為中國的佛教，發展到後來，離現實太遠了，於是有宋朝的理學，欲起而矯其弊。

第一期以觀念為根本，第二期承認社會的組織為天經地義，以理學代佛學，但在社會上並沒有引起甚麼變化。近幾百年來，歐洲人因為生產的方法改變了，使經濟的情形大為改變，結果連社會的組織亦受影響。「所以在所謂近世期中，我們實有改變其文化的必要。而我國在受着此新影響之後，亦時時在改變之中，迄於今而猶未已。」[4]

中國政治和社會的輪廓，總而言之，可歸納為三方面：（一）當時中國的政治，是消極性的，在閉關時代可以苟安，以應付近世列國並立的局面則不足。（二）當時中國人民和政府的關係該說是對立的，社會規則都靠相沿的習慣維持，但到真有外族侵入時，人民就能奮起而與國家一致。（三）中國社會的風俗習慣都是由本身的生活情形所規定的，進入近世期以後，生活情形變了，風俗習慣亦不得不變；但中國疆域廣大，各地方的生活和所受的影響不一致，所以其變的遲速亦不能一致，而積習既深，變起來自然也有相當的困難。以上是中國進入近世期之前的情形，也是進入近世期之後所面對的問題。

第三章〈中西的初期交涉〉，闡述近代西人東來及中西通商、近代基督教輸入和康雍乾時期的中俄關係。第四章〈鴉片戰爭和咸豐戊午、庚申之役〉，先從鴉片戰爭和五口通商講起，然後記敘咸豐戊午年（咸豐八年，1858 年）、庚申（咸豐十年，1860 年）兩次戰役和英法交涉，較詳細地交代了當時的教案問題。

第五章〈漢族的光復運動〉，內容包括：（一）太平天國以前諸秘密結社的活動；（二）太平天國的興亡；（三）捻黨始末。結語指出：「清朝攻擊捻黨時，其殘暴仍與其攻〔太平〕天國時無異。」又說：「太

平天國和捻黨，不免有殘暴之行，我們誠不能為諱，然至少並不甚於清兵，則是事實。」這個時期所受到的破壞，不能專諉過於太平天國及捻黨。

2.《中國近百年史概說》

《中國近百年史概說》較詳細地敘述了中國近代史事的概況，可以作為《中國近世史前編》的擴充和續寫。全書共有六章，〈總論〉以下，是〈中西交涉之初期〉和〈鴉片戰爭前之國內情形〉，接着依次為〈外力侵入時代中國之情形〉、〈變動中之中國〉及〈國民政府之北伐〉。全文只有二十餘頁，可以在較短時間內讀完一遍。

在敘述中西接觸及中國演成敗局之前，呂思勉亦予指出：「然體段大者，其變化難，而其成就亦大。我國有高度之文化，民族人口之眾多，甲於世界。幅員大而地形複雜，其位置則西北負陸，東南面海。交通之發達，必自遠洋進入大陸之中心。亞洲之中部，實為世界上最閉塞之地。而我國今日西南西北之開發，適當其衝。熱帶及副熱帶無限物資之利用，我國所踞之形勢，亦甚利便。前途之大有希望，實無疑義。然欲達此希望，則又必先完成目前之一大事，凡我國民，不可不勉。」[5] 今日看來，呂思勉這番說話不啻至理明言，治史者之識見及樂觀前瞻，於此可見。

3.《中國近代史講義》

呂思勉的《中國近代史講義》比上述兩種中國近代史著作更全面和深入，一直寫到抗日戰爭勝利為止。全書共分四十章，為首第一至五章，依次為〈緒論〉、〈中西交通之始〉、〈傳統之始〉、〈康雍乾三朝與俄國交涉〉和〈清代之盛衰〉，列舉清代中葉後兵力不善、財用不足和政治不善等情由，以及清代官方之壞、士兵之敝，「以此承西力東漸數千年未有之變局，夫安得而不敝乎？」[6]

第六至十章，闡明道光以前中外通商情形，禁煙、銷煙及中英戰爭，論述江寧和議及鴉片戰爭。十一至十五章，交代五口通商後廣東中英交涉，咸豐戊午、庚申之役，戊午與庚申和約大要，中俄咸豐戊午、庚申兩約及同治、光緒年間中俄交涉的經過；十六至二十章繼言嘉道同光之朝局，各國立約交涉的情形，革新之漸，日本立約及台灣生番事件，和英人的《芝罘條約》。

第二十一至三十章，以洋務運動後期的戰爭和外交為重點，敘述法越之役、英緬之役、英謀西藏、中日之戰與《馬關條約》及列強租借港灣後，戊戌維新、政變和庚子義和團事件，俄國佔領東三省和日俄戰爭，清末外交情勢與改革政體之動機，清朝滅亡及民國成立的經過。

第三十一至四十章，扼要分析民國以來的政局和外交，並以「抗戰和建國」為言，記敘「九一八」、「七七」和「八一三」之役，由東西戰事的匯合到戰爭勝利、日本降伏，以及實施憲政和中蘇交涉，末尾一章是〈目前的情形和未來的展望〉。呂思勉強調：「中國在國際間地位的改善，及其前途無限的希望，實緣其艱苦的奮鬥有以致之。」他又指出，抗戰的勝利，只奠定了建國的基礎，建國的前途，須待努力之處還很多。[7]

第二節　早着先鞭的《日俄戰爭》

二十世紀初，日本、俄羅斯為爭奪中國東北和朝鮮的權益，在中國領土上爆發了一場戰爭，史稱「日俄戰爭」。1900 年，八國聯軍之役期間，俄國出兵佔領中國東北；《辛丑條約》簽訂後，仍不肯全部撤兵。日本曾向俄國提出瓜分權益的要求，俄國置之不理。1902 年，英國為利用日本抑制俄國在東方地區的擴張，與日本締結同盟，這就是「英日同盟」。1904 年 2 月 8 日，日本艦隊突襲擊中國旅順口和朝鮮仁川港的俄國艦船；翌日，俄國對日本宣戰，日本於 10 日對俄國宣戰。

日本陸軍一面從朝鮮登陸，渡過鴨綠江攻擊俄軍；一面從遼東半島登陸，佔領金州、大連。在同年8月的黃海海戰中，日本艦隊打敗了俄國艦隊；在9月的遼陽會戰中，俄軍敗退。1905年1月，日軍攻下旅順；3月，日軍佔領奉天（今瀋陽）；5月，俄國調到東方的波羅的海艦隊被日本海軍殲滅。8月，日英簽訂第二次同盟條約。不久，在美國調停下，日俄兩國簽訂《樸茨茅斯和約》。日本迫使俄國將在中國所奪得的權益中的南滿鐵路、旅順和大連的租借權等轉讓給日本；俄國割讓庫頁島南部，並承認日本在朝鮮的特權。日俄戰爭表面上看是日本與俄國之間的一場戰爭，實質上中國東北人民和朝鮮人民受到的戰禍是非常慘重的。

呂思勉著《日俄戰爭》（上海：商務印書館，1929年），是中文方面較早一本關於此次戰爭的專著。全書共分十章，第一章總論東北形勢，慨歎「甚矣哉，近世西力東漸之局之可畏也。雖以亞洲東北，素與世界風雲隔絕之地，而亦遂無一片乾淨土也」。第二至四章分析日俄開戰的原因、戰前兩國的交涉及日本、俄國的形勢。第五、六兩章敘述日俄戰事的經過，第七章詳列日俄和議條文。

值得特別注意的，是第八章論述日俄戰爭與中國的關係。日、俄兩國以長春為界，瓜分中國鐵路，

而南滿、北滿之名詞生焉，凡此皆其直接所生之惡果。日俄之戰「又有影響於我國之內政者，則立憲之論是也」。呂思勉指出：

> 是役也，日勝而俄敗，而日之政體為立憲，俄之政體為專制。我國民方渴望立憲，遂以政體之異，為其致勝負之最大原因。其說確實與否且勿論。而日、俄之戰，實與我國主張立憲者以極大之奮興，要求立憲者以有力之口實，則無疑之事實也。於是清廷不能拒，乃有派五大臣出洋考察憲政之舉（光緒三十一年六月），其後遂下詔預備立憲。行之不得其道，卒致釀成革命焉。我國政體之改變，原因雖多，而日俄戰爭，亦為懸崖轉石中，加以助力之一事，則眾所公認也。[8]

繼而認為：「日、俄戰役影響之最大者，則日本一躍而為世界之強國是也。……夫使日本欲包攬把持，而真有意於東洋之平和，猶可說也。乃彼則惟利是圖，雖因此破壞東洋之平和，而亦有所不恤。」[9]

第九章縷述日俄戰爭的結果及戰後情勢的變遷。第十章為結論，對日俄戰爭之勝敗得失作評論，

歸納為三事：（一）日本於此戰，迫不得已，俄國則否；（二）日本戰士之效命，非俄國所及；（三）日本之政治，較俄國為整飭。進而強調：「戰之成敗在兵，而其勝敗之原因，則不在於兵也⋯⋯則日人之愛國，之武勇，皆為世界所罕覯，其致勝決非偶然也。」[10]

呂思勉總括全書所述，「抑更有一言，為當世正告者，則今日帝國主義之國家，謀侵略亞洲東北區者，亟宜自戢其威燄。吾國亦宜亟圖自強。謀自補以禦外侮，即所以維持世界之和平也。」[11]

日俄戰爭發生於百多年前，呂思勉此書出版至今已逾九十年，但亞洲東北仍然是世界上風雲瞬息萬變、危機一觸即發的地區，書中所述的戰爭經驗和歷史教訓，仍有很多可供思考的地方。

第三節　民初撰寫的《國恥小史》

呂思勉編著《國恥小史》上、下冊（上海：中華書局，1917年），記述近代以來國恥的歷史。上冊八章，包括鴉片戰爭、京師初陷、中俄伊犁交涉等；下冊七章，包括中日之戰、京師再陷、日俄之戰、英兵入西藏等。

為首一章是〈現在對外情形〉，道出中國人受外國欺侮已到了極點；但中國國民要警醒，不要只痛罵外國人，要把中國與外國交涉失敗的歷史認識清楚，從中找出自己不足的地方。接着一章是〈歐洲各國之形勢及其東來之歷史〉，指出中國在明末清初經歷了一次大亂，商務衰微；到了清朝，於 1685 年（康熙二十四年）大開海禁，在廣東的澳門、福建的漳州、浙江的定海、江蘇的雲台山設稅關，准許外國人來通商。但 1757 年（乾隆二十二年）改變了章程，外國人通商只准在廣東一處，其餘都停罷了。「外國人在中國通商的，自然覺得不便，加之廣東官員又有種種不守法律的舉動，中英兩國的惡感，便日積日深了。」[12]

〈英國兩次遣使〉和〈鴉片之輸入〉兩章，交代了中英關係的變化；〈鴉片戰爭〉詳述中英兩國交戰的情況，〈廣州之役〉指出英國在阿羅號船事件的錯誤，「苦於當時的英國政府是個主張強硬的，見侵犯中國這件事情在議院裏通不過去，便把議院解散了，重新選舉起來。那時候，英國之民本是激昂不過，自然是主張開戰的佔了多數了。剛剛這時候，廣西省裏又殺掉了兩個法國教士，於是法國人也同英國合起兵來。」[13]

英法聯軍之役（第二次鴉片戰爭），就是在這情

況下發生的。這本來是英、法兩國不對，但清政府處理失當，1860 年（咸豐十年）英、法兩國又派兵來，大沽炮台失陷，清廷派僧格林沁同勝保先後出兵又大敗。「咸豐皇帝逃到熱河，英、法兩國的聯軍先把圓明園佔住了，然後進據京城，後來又放一把火把圓明園燒掉了。這便是中國同外國交涉以來，京城的第一次失陷。」[14]

《國恥小史》中又提到中國與俄國，一仗都沒有打，卻糊糊塗塗的訂結條約，把幾百萬方里的土地送給人家。〈中俄伊犁交涉〉指出，中國同外國的交涉，這一次要算是辦得較好的，中國吃虧還算少些。此後外交上失敗的事情，又一件一件來了，〈法據安南〉、〈英滅緬甸及暹羅獨立〉，便是講述中國南邊安南、緬甸、暹羅的遭遇。

末後幾章，依次為〈中日之戰〉、〈中俄密約及各國租借軍港〉、〈京師再陷〉、〈日俄之戰及朝鮮滅亡〉、〈英兵入西藏〉，講到清朝結束為止。此書於1917 年出版，即清朝亡後幾年，在當時來說，是很緊貼時代步伐的。

註釋：

[1]   呂思勉《中國近世史前編》，氏著《重讀中國近代史》（北京：新世界出版社，2016 年），頁 1。

[2]   同上註，頁 4。

[3]   同上註。

[4]   同上註，頁 5。

[5]   呂思勉《中國近百年史概説》，氏著《重讀中國近代史》，頁 81。

[6]   同上註，頁 121。

[7]   同上註，頁 243。

[8]   呂思勉著《日俄戰爭》（上海：商務印書館，1929 年），頁 108。

[9]   同上註，頁 110。

[10] 同上註，頁 125－131。

[11] 同上註，頁 135。

[12] 呂思勉《國恥小史》，《重讀中國近代史》，頁 246。

[13] 同上註，頁 256。

[14] 同上註，頁 258。

呂著選讀

本國史結論
選自《本國史》第六編〈結論〉第一章和第二章

一、我國民族發展的回顧

少年人的思想，總是往前進的。只有已老衰的人，才戀戀於已往。然則一個民族，亦當向前邁進，何必回顧已往的事呢？然而要前進，必先了解現狀；而要了解現狀，則非追溯到既往不可。現在是絕不能解釋現在的。這話，在第一編第一章中，業已說過了。然則我民族已往的發展；又何能不一回顧呢？

外國有人說：「中華民國，是世界上的怪物。」因為世界非無大國，而其起源都較晚；古代亦非無大國，然而到現在，都早已滅亡了。團結數萬萬的大民族，創建一個世界上第一等的大國；而文明進步，在世界上亦稱第一等；這是地球之上，中華民國之外，再沒有第二個國家的。我國民族，能成就如此偉大的事業，這豈是偶然的事呢？我們試一回顧已往的發展：

當公元前三千年以前，我國民族，棲息於黃河流域的時代，已經有高度的文化了。這就是傳說中所謂巢、燧、羲、農之世。當這時代，我民族的疆域，

還不甚大。與我同棲息於神州大陸之上的民族很多。其後黃帝起於河北。黃帝一族的武力，似乎特別強盛。東征西討，許多異民族，都為我所懾服了，然而這一族，也不是專恃武力的，同時亦有較高度的文化。此時我國民族，行封建政體。凡封建所及之處，即是我國民族足跡所及之處。星羅棋布於大陸之上，各據一定地點，再行向外發展。武力文化，同時並用。至於戰國之末，而神州大陸之上，可以稱為國家的，都因競爭而卒併於一。至此，而我國為一大國的基礎定；我民族融合神州諸民族，而形成一大民族的基礎亦定。

秦、漢以後，中國本部之地，既已統一了，乃再行向外發展。其中漢、唐時代，是我國民族，以政治之力，征服異民族的。五胡亂華，以及遼、金、元、清的時代，則不免反受異族的蹂躪。但因我國文化程度之高，異族雖一時憑藉武力，薦居吾國，卒仍不能不為我所同化。此諸族者，當其薦居中國之時，亦能向外拓展，大耀威棱。這並非他們有此能力，實在還是利用我國的國力的。所以還只算得我民族的事業。當此時代，我國力之所至，西逾葱嶺，東窮大海，南苞後印度半島，北抵西伯利亞的南部。亞洲的地理，若依自然的形勢，分為五區，則其中部及東部，實在是隸屬於我國的。我國今日，本部以外的疆

域，都戡定於此時代之中。這是說國力所及。至於人民的足跡，則其所至較此尤遠。地球之上，幾乎無一處不達到。現在南洋、美洲，都有很多的華僑。便是西伯利亞，西至歐洲，亦都有華人流寓。其形勢，亦從這時代已開其端。雖然政治之力，尚未能及於此諸地方，這是我民族不尚武力的結果。最後的勝利，本未必屬武力，我民族自然發展所及之處，真要論民族自決，恐未必終處於異族羈軛之下的。若論內部的文化，則我國當此時代，有很完密的政治制度，很精深的學術，很燦爛的文明，都為異族所取法。不但已同化於我的民族，深受吾國文化之賜，即尚未同化於我的民族，其沐浴吾國文化的恩惠，亦自不少，如朝鮮、日本、安南等，都是其最顯著的。這實在是我民族在發展的過程中，對於世界最大的貢獻。

世界的文明，一起源於美洲，一起源於亞洲的東部，一起源於亞洲南部的大半島。而一起源於亞、歐、非三洲之交。除西半球的文明，因距舊世界太遠，為孤立的發達，未能大發揚其光輝外，其印度半島的文化，當公元一至七世紀之世，即與我國的文化相接觸、相融合的，當其接觸融合之時，彼此都保持平和的關係，絕無侵略壓迫的事實發生。乃至最近四世紀以來，我國的文化，和西洋的文化接觸，就大不然了。他們的文化，是挾着武力而來的；而且輔之以

經濟之力。我民族遂大受其壓迫。土地日蹙，生計日窘，不但無從發展，幾乎要做人家發展的犧牲了。然而這只是一時的現象。須知一種文化的轉變，是必須要經過相當的時間的。其體段大，而其固有的文化根底深的，其轉變自不如淺演的小民族之易。然而其變化大的，其成就亦大。我國民族，現在正當變化以求適應於新環境的時候。一旦大功造成，其能大有造於世界，是可以預決的。到這時代，我民族的發展，就更其不可限量了。我國民族，是向不以侵略壓迫為事的。我國而能有所貢獻於世界，一定是世界的福音。所以我國民族的發展，和我國民對於世界的使命，兩個問題，可以合而為一。

然則我國民對於世界的使命安在呢？請看下章。

二、中國對於世界的使命

羅素說：「東西洋人，是各有長處的。西洋人的長處，在於科學的方法。東洋人的長處，在於合理的生活。」這句話，可謂一語破的，自來談東西洋異點的人，沒有像這一句，能得其真際的了。

唯其有科學方法：所以對於一切事物，知之真切。然後其利用天然之力大，然後其制服天然之力強。以此種方法，施之於人事，則部勒謹嚴，佈置得

當。不論如何精細的工作，偉大的計劃，都可以克期操券，而責其必成。西洋人近興，所以發揚光大者，其根本在此。這真是中國人所缺乏，而應當無條件接受他的。

然而人與人相處之間，其道亦不可以不講。《論語》說得好：「信如君不君，臣不臣，父不父，子不子，雖有粟，吾得而食諸？」利用天然之力雖大，制服天然之力雖強，而人與人之相處，不得其道，則其所能利用的天然，往往即成為互相殘殺之具。以近代科學之精，而多用之於軍備，即其一證 —— 假使以現在的科學，而全用之於利用厚生方面，現在的世界，應當是何狀況呢？

若論人與人相處之道，則中國人之所發明，確有過於西洋人之處。西洋人是專想克服外物的，所以專講鬥爭。中國人則是專講與外物調和的。不論對於人，對於天然，都是如此。人和物，本來沒有一定界限的。把仁愛之心，擴充至極，則明明是物，亦可視之如人。近代的人，要講愛護動物，不許虐待，就是從這道理上來。把為我之心，擴充至極，則明明是人，亦將視之如物。他雖然亦有生命，亦愛自由，到與我的權利不相容時，就將視同障礙的外物，而加以排除、殘害，當作我的犧牲品了。天然之力，實在是無知無識的，我們應得制服它，利用它，以優厚人

生。而中國一味講調和，遂至任天然之力，橫行肆虐，而人且無以遂其生。人和人，是應得互相仁偶的。而西洋人過講擴充自己，遂至把人當作犧牲品而不恤。這實在都有所偏。中國人的對物，允宜效法西洋，西洋人的對人，亦宜效法中國。這兩種文化，互相提攜，互相矯正，就能使世界更臻於上理，而給人類以更大的幸福。採取他人之所長，以補自己所短；同時發揮自己的所長，以補他人之所短。這就是中國對於世界的使命。

中西文化的異點，溯其根源，怕還是從很古的時代，生活之不同來的。西洋文化的根源，發生於遊牧時代。遊牧民族，本來以掠奪為生的，所以西洋人好講鬥爭。中國文化的根源，則是農耕社會。其生活比較平和。而人與人間，尤必互相扶助，所以中國人喜講調和。中國人最高的理想，是孔子所謂大同。這並不是一句空話，而是有歷史事實，以為之背景的。其說，已見第一編第二章。文化不是突然發生之物。後來的文化，必以此前的文化為其根源。出發時的性質，往往有經歷若干年代，仍不磨滅的。大同的社會，在後來雖已成過去。然而其景象，則永留於吾人腦海之中，而奉為社會最高的典型。一切政治教化，均以此為其最後的鵠的。這是中國人的理想，所以能和平樂利的根源。

中國人既以大同為最高的典型，所以其治法，必以平天下為最後的目的，而不肯限於一國。而其平天下的手段，則以治國為之本；治國以齊家為本，齊家以修身為本，凡事無不反求諸己，而冀他人之自然感化；非到萬不得已，決不輕用武力。這又是中國人愛尚和平的性質的表現。其目的，既然不在發展自己，而是要求「萬物各得其所」的平，則決無以此一民族，壓迫彼一民族；以此一階級，壓迫彼一階級之理。所以中國的內部，階級比較平等，經濟比較平均；其對於外國，亦恆以懷柔教化為事，而不事征伐。既然不講壓迫，則必然崇尚自由。自由，就沒有他人來管束你了，就不得不講自治。我國政體，雖號稱專制，其實人民是極自由的；而其自治之力，也是極強的。這個，只要看幾千年來政治的疏闊，就是一個很大的證據。我們既不壓迫人，人家自樂於親近我。所以不論甚麼異族，都易於與我同化。我國的疆域，大於歐洲；人口亦較歐洲為眾。他們幾千年來，爭奪相較，迄今不能統一。我國則自公元前兩世紀以來，久以統一為常，分裂為變。人之度量相越，真不可以道里計了。

以歐洲近世文明的發展，而弱小民族，遂大受壓迫，國破、家亡，甚而至於種族夷滅。這種文明，到底是禍是福？至少在弱小民族方面論起來，到底是

禍是福？實在是很可疑惑的了。此種病態的文明，豈可以不思矯正？要矯正它，非有特殊的文化，和相當的實力，又誰能負此使命。中國人起來啊！世界上多少弱小的民族，待你而得解放呢。

第 八 章

史學概論和典籍讀法

　　呂思勉畢生致力於歷史教學和史書撰作，曾著
《歷史研究法》一書，概述作史的方法，可供治史者
參考。他在〈自述〉中說：

> 少時讀史，最愛《日知錄》、《廿二史札
> 記》，稍長，亦服膺《十七史商榷》、《癸
> 巳類稿》。今自檢點，於顧先生殊愧望塵，
> 於餘家差可肩隨耳。今人之屑屑考證，非
> 顧先生所不能為，乃顧先生所不欲為也。
> 今人自詡蒐輯精博，殊不知此等材料，古
> 人既得之而復棄之者多矣。此意予亦老而
> 後知，然後知少無名師，精力之浪費者多
> 也。[1]

　　提到他自己的《燕石札記》，呂思勉謂「考證尚

可取，論晉人清談數篇，今日觀之，不盡洽意。」[2]
《燕石札記》刊於 1937 年，《燕石續札》於 1958 年
出版；1982 年輯為《呂思勉讀書札記》，2018 年新
出的版本再加增補。

　　劉知幾的《史通》是中國第一部史評，呂思勉撰
《史通評》僅一小著，見解是很珍貴的，先從此書入
手，再翻閱其讀書札記，相信會有事半功倍的收穫。
再如《文史通義評》，也可用來參考。（表 14）

表 14　呂氏歷史學研究階段閱讀法提示

- 初階／第一段：(1)《歷史研究法》
- 中階／第二段：(2)《史籍與史學》
- 高階／第三段：(3)《中國史籍讀法》＋(4)《史通評》＋(5)《文史通義評》

合刊本・文集本
《史學四種》
《呂著史學與史籍》
《史學與史籍七種》
《呂思勉讀史札記》

第一節　歷史研究法和史籍讀法

1.《歷史研究法》總結經驗

　　呂思勉著《歷史研究法》（上海：永祥印書館，1945
年），列為范泉主編「青年知識文庫」第一輯第十八

種。此書指出研究歷史與作史不同。作史的方法，第一是搜集材料，第二是對這些材料加以考訂，第三是着手編纂。研究歷史則要具備多種科學知識，包括自然科學的知識，具備歷史唯物主義的觀點等。

《歷史研究法》共有十章：開宗明義，第一章是〈歷史的定義〉；第二章〈為甚麼要研究歷史〉，強調歷史是前車之鑑，認為「誤事的不是歷史知識，只是歷史知識的不足」。第三章〈歷史的歷史〉，指出「用普通人的眼光看起來，歷史的起源是很遠的，…… 其實歷史比起人類的年齡來，是很小的」。[3]

第四章〈史學進化的幾個階段〉，略述史學發達的情形和史學研究的方向。第一個階段以司馬談、遷為代表，「他父子倆才有意網羅一切史材，做成一部當時的世界通史」。第二個階段，自司馬遷以後，史學界有許多名家，「不過覺得史料要保存，要編纂，以詒後人而已，編纂的方法如何，加以研究的很少」。第三個階段，唐代的劉知幾才於此加以檢討。第四個階段，宋朝的鄭樵反對斷代史而主張通史，尤為重要的，是他覺得前人所搜集的不足於用，要於其外另外增加門類，可說是史學上的一個大變革。第五個階段，大史學家章學誠想得一個適當處置方法，把史材和作成史籍分為兩物，他說：「儲蓄史材，務求其詳備；而作史則提要鈎玄，使學者可讀。」這在現

今的史學家，立說亦不過如此。現代史學的發達，實得力於各種專門史的競出。各種專門史日益進步，而普通史亦隨而進步。[4]

第五章〈舊時歷史的弊病何在〉，認為首先是偏重於政治，而偏重戰事和過度崇拜英雄之弊，必相因而起。還有，「借歷史以激勵愛國家、愛民族之心，用之太過亦有弊」。天下事總有一個適當的限度，超過這限度就不是真理，而是出於矯揉造作的了，其事就不免有弊端。呂思勉說：「這在歐洲，十九世紀後半期各國的歷史，都不免有此弊，而德國為尤甚。亞洲新興的日本，此弊亦頗甚。中國人偏狹之見，較之德、日等國，可謂相差甚遠，然亦不能絕無。」[5] 借歷史以維持道德的觀念，也是有流弊的，非徒無益於求真，反足為求真之累。此外，借歷史以維護宗教，在西洋受病頗深，中世時代，歷史幾乎做了宗教的工具。

第六章〈現代史學家的宗旨〉，認為現代史學家最重要的事情，就是「再造以往」，即是綜合各方面，使其時代的情形大略復見於眼前。第七章〈作史的方法〉，強調「現在的歷史，正在要重作之中，惟其知道作史的方法，才能知道研究的方法」。第八章〈研究歷史的方法〉，認為治史學的人，對於各種科學，先要有一些常識，例如社會學、考古學、地理學

等，對於文學，亦不可不有相當的了解。

至於史學上的重要觀念，第一緊要的，「是要知道史事是進化的，打破昔人循環之見」。馬克思以經濟為社會基礎之說，不可以不知。近代西洋科學和物質文明的發達，對於史事是大有影響的。「惟科學發達，人才不為淺短的應用主義所限，而知道為學問而學問的可貴，而為學問而學問的結果，則能有更精深的造詣，使人類的知識增加，而制馭事物之力，亦更因之而加強。」[6]

呂思勉又指出：「少所見多所怪之人，總以為西洋和東洋有多大的差異，聞見較廣的人，就不然了……西洋現在風俗異於中國的，實從工業革命而來，如其富於組織力，如其溺於個人的成功都是。前乎此，其根本的觀念，原是無大異同的。所以近代西洋科學及物質文明的發達，實在是通於全世界劃時期的一個大變。」[7]

崇古觀念的由來及其利弊，亦不可以不加研究。世界上任何民族，幾乎都有邃古黃金時代的傳說。人類因要求制馭自然的力量日益加強，不得不合併諸小社會而成為大社會，而又未能隨時加以組織，人於其間所感覺的痛苦，也就逐漸加深了。「而其從前曾經良好的一種甜蜜的回憶，亦久而久之未曾忘掉。於是大家都覺得邃古之世，是一個黃金時代，雖

然其對於邃古的情形並不清楚。這便是崇古主義的由來。」[8]

談到讀歷史的利益，呂思勉說：「從前的人，誤以為讀了歷史，才知道既往，才可為將來辦事的準則，於是把歷史來作為守舊的護符，這是誤用了歷史的。若真知道歷史，便知道世界上無一事不在變遷進化之中，雖有大力莫之能阻了。所以歷史是維新的證佐，不是守舊的護符。惟知道歷史，才知道應走的路；才知道自己所處的地位；所當盡的責任。」[9] 末後兩章，是〈中國的歷史〉和〈怎樣讀中國歷史〉。

呂思勉另有《史學研究法》一種，抗戰爆發前他在光華大學任教時的講義，內容大同小異，而較為簡略。部分曾以《史籍與史學》為題，收入其《論學集林》（上海：上海教育出版社，1987 年）之中。《史籍與史學》共有十一篇，依次說明史學定義、史籍溯源、史學緣起、史部大略、史家宗旨今昔異同、史材，論搜輯、考證、史學之法及史學演講趨勢，結語認為「社會科學與自然科學之精確不精確，乃程度之差，非性質之異，史學亦社會科學之一，固不能謂其非科學也」。[10]

2. 中國史籍讀法及選文評述

1953 年至 1954 年間，呂思勉為華東師範大學

歷史系學生開設「中國史籍讀法」和「史籍選讀」兩門課程，但開學不久，呂思勉即因生病不能繼續任教，在病中寫成《中國史籍讀法》和《史籍選文評述》，是他編撰的最後兩部講義。

《中國史籍讀法》〈弁言〉以下，共有七章，依次為〈史學之用安在〉、〈中國有史學麼〉、〈再為中國史學訴冤〉、〈史權為統治階級所篡〉、〈讀舊史宜注意之點〉、〈讀舊史入手〉及〈讀古史的特殊方法〉。〈弁言〉說，此稿所述「不過治史學者一小部分人所有事而已。……而凡治史學者，似亦不妨一覽，以恢廓其眼界了」。[11]

《史籍選文評述》分擬目和總論，前者以指導學生略知讀書門徑為目的，後者以指導學生自行閱讀為目的，共三十六篇。每篇均錄原文，並加以說明，例如節錄《史記》〈李斯列傳〉，指出此篇為偽造文件之例；節錄〈項羽本紀〉，說明此歷史記載屬於傳奇性質之例。選介《漢書》〈貨殖列傳序〉，謂為「史序中之佳作」；至於〈李廣蘇建傳〉，則為「史籍文字之佳者」。還有《論衡》〈治期篇〉，「為昔人論事之有識者」；《後漢書》〈黨錮列傳序〉，「歷敘戰國以來風氣」。[12]

《呂著史學與史籍》（上海：華東師範大學出版社，2002年）匯集了呂思勉有關史學與史籍的六種著述，

包括《歷史研究法》、《史籍與史學》、《中國史籍讀法》、《史籍選文述評》、《史通評》和《文史通義評》，並加入一些附錄，方便閱讀和參考。

第二節 評介《史通》和《文史通義》

1.《史通評》是呂氏主要述作之一

呂思勉著《史通評》（上海：商務印書館，1934年），對唐代劉知幾撰《史通》一書加以評點，列為「國學小叢書」。此書有香港太平書局1964年影印本。

劉知幾（661－721年）是中國第一位有系統地提出史學評論的學者，其《史通》是中國第一部史學理論專著，「內篇」多論史學源流、體例和編撰方法，「外篇」多論史官建置的沿革和史書的得失。全書有幾個中心意旨：（一）歸納史書為六家二體，分析其優劣得失；（二）指出史書記載失實的原因，主張繼承優秀的史學傳統；（三）批評史家模擬舊著的錯誤，主張使用當代語言；（四）指出當政者領導修史的弊病，強調私人撰史的優越性；（五）強調文人不可修史，反對文史混淆。[13] 呂思勉的《史通評》，於劉氏之書各篇均有評說，或長或短，可與《史通》一併閱讀，從中亦可對呂氏的史學觀點，有更深入的認識。

《史通評》分兩部分：「內篇」由〈六家第一〉至〈自敘第三十六〉，「外篇」由〈史官建置第一〉至〈忤時第十三〉。開宗明義，呂思勉指出：

> 〈六家〉〈二體〉兩篇，乃劉氏論正史之作也。史本無所謂正不正；然其所記之事，萬緒千端，不能無要與不要之分，一時代之學者，認其所記之事為要，則以為正史；謂其所記之事非要，則以為非正史而已矣。〈六家〉者，劉氏所認為正史，〈二體〉，則劉氏認為六家中之善者，可行於後世者也。[14]

呂氏自己把《史通評》列為主要述作之一，謂「以現代史學觀點，平議、推論，亦附考據辯證」。[15] 這是客觀的說法。

2. 關於《文史通義評》

清代章學誠撰《文史通義》，與劉知幾的《史通》同為中國歷史上重要的史學理論代表作，博大精深，且為後人開闢了許多新路徑。呂思勉的《文史通義評》，是他在抗戰前任教於光華大學時編寫的講稿，一直沒有刊印，至 1980 年代初收入《史學四種》（上

海：上海人民出版社，1981年）。

　　開宗明義，呂思勉在《文史通義評》的〈序〉中指出：「章氏為一既反對宋學而又反對漢學之人。其反對宋學也，反對其空言無實；其反對漢學也，反對其徒事襞積補苴，而不知其所襞積補苴者果為何用。」呂氏之書先述章學誠思想的大概，然後逐篇加以評論；「或補苴其所不足；或訂正其違失、偏激之處，冀為讀是書者之一助焉」。[16]

　　章學誠《文史通義》的內容，主要包括三方面：（一）〈易教〉等十一篇闡明「六經皆史」之旨，認為六經是古代典章制度的記載；（二）〈史德〉、〈申鄭〉等篇論史學，〈浙東學術〉篇探討學術源流；（三）〈詩教〉、〈古文十弊〉等篇討論文章流變及文章得失，反對追求形式。總的來說，章氏主張「考索」與「義理」並重，強調學術研究不能脫離實際，應當經世致用。他對文史的主張，可歸納為以下幾點：第一，是提倡「六經皆史」之說；第二，是把史籍區分為撰述、記注兩類；第三，是探討史著的內容和體例；第四，是倡導編寫地方志；第五，是強調史家必須具備「史德。」[17]

　　呂思勉撰有〈章學誠之史學思想〉及〈《文史通義》選讀提要〉兩篇文章，作為《文史通義評》的附錄，頗可參考。

第三節 《呂思勉讀史札記》珍貴可藏

呂思勉向來讀史書有寫札記的習慣，1937 年，他將部分已刊和未刊的札記整理成書，總共四十七篇，取名《燕石札記》，由上海商務印書館出版。

1958 年由上海人民出版社出版的《燕石續札》，是繼《燕石札記》之後的又一本讀書札記，共收札記八十二篇，主要包括土地問題和賑貸問題，以及一些奢糜問題、宦官與學校、文化問題等。當中有通代敘述的，也有專論某一朝代某個問題的；關於通代和唐宋以下問題的，佔全書三分之二以上。[18]

其後刊行的《呂思勉讀史札記》二冊（上海：上海古籍出版社，1982 年），計有五百多篇，共八十八萬字，分為先秦、秦漢、魏晉南北朝、隋唐以下、通代五個部分，內容涉及中國古代政治、經濟、文化、教育、宗教、科技、少數民族諸方面。呂思勉基本上採用清代樸學家的治學方法，即圍繞一個歷史問題，排比綜合各種資料，考辨史實，提出自己的見解，撰寫而成一篇札記。他的許多著作，都是在這些讀史札記的基礎上完成的。

近刊《呂思勉讀史札記》上、中、下三冊（北京：化學工業出版社，2018 年），是呂氏讀書札記的總匯，共有七百六十二篇，凡百餘萬字。按歷史時代順序編

排，分為五帙：甲帙為先秦，乙帙為秦漢，丙帙為魏晉南北朝，丁帙為隋唐以下，戊帙通代。至此，呂氏所撰讀史札記應已齊備了（表15）。應予強調，這是一個珍貴的史學研究資料庫，可以珍藏，閱讀亦宜。如果立定決心，每天看一篇，興之所至，不妨做些查檢延伸工夫，只兩年多一些就全部讀過了，肯定收益匪淺。

表 15　呂氏讀史札記出版概況

書名	出版社	年份	篇數
1.《燕石札記》	上海：商務印書館	1937 年	47 篇
2.《燕石續札》	上海：人民出版社	1958 年	82 篇
3.《呂思勉讀史札記》二冊	上海：上海古籍出版社	1982 年	500 餘篇
4.《呂思勉讀史札記》三冊	北京：化學工業出版社	2018 年	762 篇

須予指出，呂思勉的讀史札記，是承繼了前輩乾嘉學者的治史方法，亦體現了清代以來常州史學從歷代考證到輿地研究的特色。常州學者大多兼擅經史之學，史學成就最大、名氣最高的當推趙翼（1727－1814 年），其《廿二史劄記》與錢大昕的《廿二史考異》和王鳴盛的《十七史商榷》並稱清代三大考史名著。趙翼治史，並不限於只對舊史補缺訂偽，而是把分散的史料加以比類綜合，也留心於評述歷代治亂

的因由及古今社會的變化。《廿二史劄記》所記實為二十四史，即從《史記》到《明史》，因當時尚未將《舊唐書》及《舊五代史》定為「正史」，故以「廿二史」名之。呂思勉受趙翼的影響頗大，蔡尚思、嚴耕望等著名學者都將《廿二史劄記》與呂思勉的通史著作相提並論。[19]

扼要地說，呂思勉所寫的札記，或考證史實，或訂正文獻，更多的是對史事的分析研究；許多篇札記都是曾經一再補充和修改，經過長期積累而保留下來的。[20] 呂氏的幾種重要著作，包括《中國通史》和《先秦史》、《秦漢史》、《兩晉南北朝史》、《隋唐五代史》，是以這些札記為基礎寫成的，而札記又在一些史事上作了若干修訂和補充。學者在閱讀以上著作時，如果以他的讀史札記作為參考材料，互相比照，必然得到啟發並有更大收穫。

註釋：

[1] 呂思勉〈自述〉，《呂思勉學術文集》，頁 395。

[2] 同上註。

[3] 呂思勉著《歷史研究法》（台北：五南圖書出版公司，1995 年），頁 9－21。

[4] 同上註，頁 39－46。

[5] 同上註，頁 62。

[6] 同上註，頁 110－112。

[7] 同上註，頁 112－113。

[8] 同上註，頁 113－115。

[9] 同上註，頁 119。

[10] 呂思勉《史籍與史學》、《呂著史學與史籍》（上海：華東師範大學出版社，2002 年），頁 69。

[11] 呂思勉《中國史籍讀法》、《呂著史學與史籍》，頁 70。

[12] 呂思勉《史籍選文述評》、《呂著史學與史籍》，頁 119－149。

[13] 周佳榮著《中國歷代史學名著快讀》，頁 87－89。

[14] 呂思勉著《史通評》（香港：太平書局，1964 年），頁 1。

[15] 呂思勉〈自述〉，《呂思勉學術文集》，頁 395。

[16] 呂思勉著《文史通義評》、《呂著史學與史籍》，頁 300。

[17] 周佳榮著《中國歷代史學名著快讀》，頁 148－150。

[18] 謝保成、賴長揚、田人隆編《中國史書目提要》、〈燕石續札〉條，頁 330。

[19] 《呂思勉讀史札記》上（北京：化學工業出版社，2018 年），〈出版説明〉。

[20] 同上註。

整理舊籍之方法
選自《經子解題》（1926 年）

　　將從前之舊書，用一種新方法整理之，此乃近來新發生之一種需求。此種需求所由發生之故，因吾人無論研究何種學問，必有其對象。此種對象，屬於自然界者，則為自然現象，屬於社會界者，則為社會現象。書籍之所記載，亦宇宙間之一種現象也，與吾人所目擊身受之事物同。從前讀書者，多以書為特殊之物，與其他事物視為兩事，故其所讀之書，全不能活用，而研究之方法，亦鮮正確之根據。近人漸知書之所載，亦屬宇宙間之現象，其為吾人研究學問之對象，與吾人目擊身驗之自然現象、社會現象無異。是即近人研究舊籍之觀念，與昔人不同之點。

一、古今研究舊籍的不同

　　事物之本體，非吾人之所得知。所知者其現象而已。宇宙間之現象亦無限，吾人取其一部分而作為研究對象者，其動機有二：一屬於利用方面，一屬於求知方面。於此兩者，必有其一，乃得感覺研究之興趣。惟同一現象，有古人視為有研究之必要，而今人

對之毫不感其興味者，亦有今人視為有研究之必要，而古人視為無足措意者。此即由於各時代利害關係之不同，因而其所致疑而求解決之問題亦不同。譬如天花，昔人極重視之，以為危人之生命者，莫此病若也。而自發明接種牛痘以來，一般人視之遂不若古人之鄭重。醫家研究此病之治法，亦當然不及古人之熱心。又如地理之學，從前多偏政治軍事方面，故其研究多取材於歷史，而其取材又多偏重戰事。但近來此學之目的及範圍，亦與前此大不相同矣。

今昔不同之點，即由於研究之目的不同。是以同一舊籍，有昔人視之毫無疑意者，而今人每多疑問發生者，於此若仍用古人研究之方法，必不能合於現在之需要，至易見也。此研究古籍不能與昔人取同一手段之理由，而亦即舊籍欲用新法整理之一種理由也。此種理由多為吾人所深悉，不待多贅，茲就整理舊籍之具體方法略言之。在研究此具體方法之前，又不能不研求吾人所欲整理之物（即所謂舊籍）之性質。

二、舊籍分四類

舊籍之分經、史、子、集，始於魏而成於唐，自此以來未之有改。此種分法之由來，蓋中國在太古時代無所謂書，文化漸進，乃有所謂學問，乃有所謂書

籍。最初之書有兩種，其以記載為主者（記載當時之宇宙現象），即所謂「史」是也。就宇宙之種種現象，加以研求，發明種種公理，自成一家之學，則「經」與「子」是也。經、子本同一之物。但自漢之後，崇尚儒家之學，遂由諸子中提出儒家之書，與諸子之書別而稱之曰「經」。古人之研究學問，多墨守一家，純一不雜，故其所著之書，可就其學術之派別分類，如劉歆之《七略》是也。後世則研究漸廣，所著之書，取材之方面亦多。同一書也，視為記載現象之史一類固可，視為研求現象發明公理之經、子一類，亦未嘗不可，而就其學術派別言，則亦多兼綜各家。同一書也，視為儒家可，視為兵家道家等等亦未嘗不可。此等書於經、史、子三種之中，無類可歸，乃不得不別立為一種而稱之曰「集」。此猶現在編新書之目錄，政治可云政治，法律可云法律，至非研究一種學術之雜誌，則無類可歸。編舊書目錄者，經可曰經，史可曰史，而兼包四部之叢書，則不得不別立叢部云爾。此種方法，實應於事實上之必要，故自唐迄今莫之能易也。吾人欲論整理舊書之方法，亦當就此四者分論之。

三、如何整理經

經、子之價值相等。近今有一部分人過於輕視

孔子，吾人固不必附和，但亦不必如昔人之重視過甚，惟有以相等之價值視之而已。但從研究之方便起見，則經子仍不能相提並論。先從經入手，較之先從子入手，易難實大相懸殊。此由漢代以後，儒家之學孤行，傳書既較他家為多，而治儒家之書者，亦遠較治他家之書者為多。既有注，又有疏，又有發揮考訂之書，自此入手，實遠較治諸子之書為易。儒家之學，原非能與諸子之學絕對相異（天下本無絕對相異之學問），其中一部分思想，本彼此相同，至於訓詁名物則其相同尤不俟論。故既能通經，即治諸子之學，亦不甚費力也。

治經之法，由漢至唐，大略相同，即皆尊信前人傳注。宋以後則不然，好出己意，以推論前人之是非，此種見解亦甚是，但亦有壞處，即太偏於主觀是也。學術在於求真。今既欲求治古書，即宜得古書之真相。漢人去古近，其所說易得古人之真相，而宋人則較難。故言治經，宋人之說，不能徑以之為根據，但亦可為參考之資料。自漢至唐之經學，細別之又可分為「傳注時代」與「義疏時代」。義疏時代之人所攻究，即為傳注時代之人之傳注。而傳注時代又可分為三期。

①為西漢時代之經學（即清代所稱之「今文學」）。

②起於西漢末葉至東漢末而大盛（即清代所稱之「古文學」）。

③魏晉以後，古文學另行分出一派（此派本即東漢時之古文學，但其立說好與東漢末負盛名之人反對，且好造偽書，清代所攻擊之「偽古文尚書」，可為此派代表作）。

以上三派，果以何者之價值為最大乎？此可由幾方面觀察之。

若以研究孔子之學問為目的，則今文學之價值最大，以其為孔子嫡派故也。但其所言，亦多訛誤闕脫之處，吾人不能不加以辨別。

若以研究古代社會情形，或古代天然界情形為目的，則今文學、古文學價值不甚相遠。今文學所言皆孔門相傳之口說。古文學之書，以鄙人觀之，實出於偽造，但其材料則不盡偽。譬之《左傳》，以之為《春秋》之傳則偽，以之為古史則真。且今文學以鄙人之見，實亦孔子託古改制之書，並非古代之信史。古代之信史寧多存於古文學中，以其所據者，多有未經孔門託古改削之書也。此理甚長當別論。

故由古文學研究古史，其價值甚大。但其偽造之部分，則更不及今文學家之書之可信。今文學雖亦託古改制，但其非託古改制處，則自然真實。即有誤謬之處，亦出於無意之傳訛，非如古文學之有意偽

造。凡無意之傳訛，恆有其線索可尋，加以改正較為容易。若兩者之說，皆無確據，而皆出於想像時，則今文學亦較古文學為優，以今文學在古文學之前故也。譬之吾人於祖先之事實知之不完全，而藉想像以補足之，則祖若父之所想像者，必較吾人之所想像為確。不過其程度之相差，尚不甚遠。至魏晉人所造之偽書，如《偽古文尚書》、《竹書紀年》、《山海經》等，則其價值又小，取之不可不極矜慎已。

吾人今欲治經，必於此三派之書，能分別明瞭，乃不致發生錯誤。魏晉人所造之書，必於漢人之說有合者，乃可取之。漢人之書，則必分別其為今文抑為古文，然後可着手整理。

此法在應用上，實有甚大之效果。凡一史實，無論如何紛然淆亂，苟於今古文之派別知之甚真，殆無不可整理之使成為兩組者。故用此法對於複雜之問題，在研究上恆較易得條理系統。研究古史必由經學中裁取材料，而材料之整理甚難，以上所述，在鄙人實自信為一種良好之工具也。

今古文學之書今皆不全。今文學最早最純者，據《史記·儒林列傳》所述，則有八家。至東漢乃分為十四博士。

如下圖：

《史記·儒林列傳》所列八家	詩	魯	申培公
		齊	轅固生
		燕	韓太傅
	書	濟南	伏生
	禮	魯	高堂生
	易	菑川	田生
	春秋	齊魯	胡毋生
		趙	董仲舒

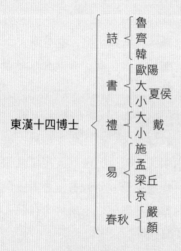

東漢十四博士
- 詩：魯、齊、韓
- 書：歐陽、大夏侯、小夏侯
- 禮：大戴、小戴
- 易：施、孟、梁丘、京
- 春秋：嚴、顏

　　此十四博士雖已非純粹之今文家，但相去尚不甚遠也。至東漢末古文學大盛，古文學之異於今文者如下：

古文學	詩	毛氏
	書	古文尚書
	禮	周禮
	易	費氏
	春秋	左氏傳

　　此時治古文學為一時之趨向（今文雖立於學官，名家者極少），大家輩出，鄭玄其尤著者也，玄生平注書甚多。除經學外，尚有關於法律等書。經注除《左傳》未成外，餘皆完備（《左傳》服虔成之，亦與鄭無大出入），不愧為當時泰斗，古文學至此已臻於極盛時代，盛極必反，王肅之一派遂起而代之。王肅者，晉武帝之外祖，於經學亦兼通今古文（鄭、王皆兼通今古，不守家法，但皆側重於古）。但其攻鄭氏之手段，則極為卑劣。肅欲攻鄭說，乃先偽造古籍以為根據。如《孔安國尚書傳》、《論語注》、《孝經注》、《孔子學語》、《孔叢子》諸書，皆肅所偽託，以為託孔子後裔記述之言易於取信，以證明己說，古文學至此乃有真有偽矣。然魏晉時本為哲學運動時代，人皆厭棄東漢古學之煩碎，遂成一種談玄之風，浸以施之於說經，與鄭、王之學乃迥不相同。何則？鄭、王之所本雖異，而其治經之方法則不甚相反，至空談說經之徒，則根本不變。魏晉以後，歷南北朝以至於有唐，古文學與魏晉空談說經之書並行，今文學

已無人過問。唐時之《十三經注疏》，除《孝經》為玄宗御注外，漢人與魏晉人所注參半。其中獨《公羊傳》為何休注，屬今文學，餘皆古文學也。《十三經注疏》本為官修之書，抄襲前代之舊，甚至大隋字樣亦未改正，其不純固不待言。但材料之存，仍以此為大宗，仍不可不細讀。

讀經必先求得一門徑。最簡單之法，即將《王制》（今文學之結晶）、《周禮》（古文學）、《白虎通義》陳立疏證（十之九為今文學）、《五經異義》陳壽祺疏證（此為今古文對照之書，其異同重要之點，皆具此書中，故極有讀之之必要）四書閱之，以為第一步功夫。再進，則十三經在清時除《左傳》、《禮記》外，皆有新疏。凡古書之不易解者，一經清人疏證，皆可明曉，此實清儒不可沒之功。清代漢學家最重歸納之法，所列證據，務求完備。吾人苟循其所列之證據而求之，可得許多整理舊書之方法。清儒著述甚多，一時不能詳述。最近北京新學會出版之《改造雜誌》，有梁啟超之《前清一代中國思想界之蛻變》（在三卷三號至五號中），述此最為詳盡，極可參照。

以上為關於「經」者。

四、如何整理子

古子與經本互相出入，但從事研究不若經之容

易，因注釋疏證者遠不若經之多也。又四部之中，惟子包括最廣，各種專門之學皆隸焉。研究之法，若專研究一科之學者，即宜專擇此類之書讀之。其要在先有現在科學上之智識，則以之讀古書，亦自然易於了解（如究心農業者，則專讀農家之書；究心軍事者，則專讀兵家之書是也）。

更就其普通者言之，則當用一種區別時代之方法。即將子書區分為三大時期：

① 周秦諸子時代；

② 漢魏六朝時代；

③ 唐代。

在以上三時代中，①之價值極大，②之價值次之，③之價值又次之。但在①之中，有一書全部為偽者，亦有一部分為偽者，不可不注意。在①之中其價值最大者，當為下列各書：

《老子》	全真
《莊子》	半真半偽
《墨子》	真多偽少
《管子》	有真有偽
《韓非子》	大部分真
《荀子》	半真半偽
《呂氏春秋》	為古之雜家，包含甚廣
《淮南子》	此書雖為漢人所著，但多先秦成說，故列入

諸子能得清儒疏證本最佳，如孫詒讓《墨子閒詁》、王先謙《荀子集解》是；次則校本，如浙江書局「二十二子」是。

　　宋以後學術思想大變。子部之書，當以理學為正宗。此外學者之思想，多為片段的發表，編入各家專集內，如唐以前編為一「子」之風衰矣。

　　研究理學，從前學者所用之法，亦頗可取，即先觀各種學案，於各人傳記，知其大略，於其學說，稍得要領後，再深求之於專著。蓋關於理學之著作，說理既深，又多為東鱗西爪，驟閱之每不易得其條理系統，又一人學術思想之來源與背景，皆不易明瞭，故以先閱學案為便。欲知一人學術之真相，學案之價值自然不及專著，但著學案者，多於理學極有研究，所裁取者皆其重要部分，較之閱各家專著，在初學，轉較易得其扼要所在也。

　　以上為關於「子」者。

五、如何整理集

　　集類之書，至唐而多，宋以後其關係乃大。唐以前集部之書多為文章，以其時有學術思想者發表思想時，尚多書為子書也。宋以後此風益衰，發表學術思想之作，多入之於集，集類之書，自此而多，其價

值亦因此而大。集之為言雜也，欲於此中求得一提綱挈領之法，以判別其書入於何種何類極難。簡便之方法，惟有先考其人，長於何種學問，然後求其書而讀之而已。長於某種學問者，原木必集中之文，皆談此種學問，然究以關於此類學問者為多，且較重要也。

以上為關於「集」者。

六、如何整理史

史之研究方法，苟詳細言之，極繁，茲略述之。中國從前之史，就其性質言之，可分為兩種：

已編纂為史者，如正史、編年、紀事本末、政書是也。

史材，即僅保存史料，而未用某種方法加以編纂者。

所謂已編纂為史者，即具有目的與一種方法，以此為條理系統而排列其材料者也。反之，則作為史材觀可也。關於前者，正史之體最為完全，足以概括編年、紀事本末、政書等，但就研究上言，則因其事實多分散於表志紀傳中，欲知一事實之原委，極不容易，故於此入手不便利，不如先就他種之書求之。吾以為第一步，先將《資治通鑑》、清畢沅《續通鑑》，《明紀》或《明通鑑》閱之，次乃將馬端臨（貴與）

之《文獻通考》，擇要瀏覽。此數種以二三年之功夫，即可瀏覽一通，於研究史學之根柢已具（研究史學至少亦須閱過此數種書籍）。然後進而求之正史，乃覺較有把握。謂正史之體較為完全者，不過指其體例言，在事實上，「二十四史」原多不完全處，且有訛誤，故亦必借他書補充考正。

於此有一言者，學術之趨勢，本由混而趨於析。從前之人，將宇宙間各種現象，皆羅而列之一書，而稱之為史，此本學術幼稚時代之現象，自今以後，宜從事於分析。如食貨志可析出為經濟學史，天文、律曆亦宜各歸專家研究是也。要而言之，今後學術之分類（一種學術之範圍及內容），皆當大異於前。吾儕之於舊書，不過取其材料而已，此其所以當用新方法整理也。從前研究史學之人，有以前此之史為不完全，思網羅群籍，更編為一完全之史者，其結果無不失敗。反之，專研究一部分，更求精密者，其結果無不成功，如《通考》、《通鑑》皆就正史而析出其一部分，在研究上價值極大。《通志》意欲包括從前之正史，更求完備，然其與正史重複之部分，並無用處。近人每好言著中國通史，吾不知其所謂「通」者，其定義若何？若仍如《通志》之所謂通，吾敢決其必失敗，以其與學術進化之趨勢相反也。

若於中國向所謂「史」之中，將應析出之部分，

盡行析出，然後借各科之輔助，將史學精密研究，劃定範圍，俾自成為一科學，則非今日所能。在今日，惟有從事於將舊時歷史中應析出之部分，逐步析出，然後就各部分加以精密之研究而已。

又各種學問，皆須求得正確之事實，然後歸納之而得其公理，史學亦猶是也。前人所記載之事實，無可徑認為完全、正確之理。從事於補足考證，實為第一步工夫。補足與考證，即前人之所謂考據也。故講史學離不開考據。

關於第二類，即僅可認為史材之書。必先有一研究之宗旨，乃能取其材而用之。其整理之方法，望空無從講起。但有一言，此項材料皆極可寶貴。近人每訾中國史部只是「帝王之家譜」及「相斫書」，此乃不知學問者之妄言。前人之材料，視乎吾輩之如何研究取用而已。以吾觀之，中國史部所存，可寶之材料實甚多。正如豐富之礦山，數世採之，尚不能盡。

以上為關於「史」者。

七、入手當從目錄學始

以上所講，不過研究方法之大略，未能詳盡。最後吾更有一簡要之方法，即於欲閱舊籍之前，先取目錄之書，加以瀏覽是也。如此，則於舊學之分類若

何，派別若何，變遷若何，以及現在書籍共有若干，心目中已知其梗概，他日參考既不致掛一漏萬，即目前從事研究，亦易得其要領。今後研究學問，固重在分科，但關於全般之知識，亦極關重要。所謂由博返約，實為研究學問之要訣。未博而先言約，則陋而已矣。指示研究學問之方法，愈具體愈善，最能具體地指出研究之門徑者，殆莫目錄之書若。江南講究讀書之家，兒童初能讀書，多有全讀四庫書目者，使其知天下之學問甚廣，以啟其求知之心，且可獲得一廣泛之知識，意至善也。

目錄之書甚多，就現在論，比較的最後最完全者，仍推清四庫書目。但此書所述，止於乾嘉以前，道光以後之著述，及新輯出之書，尚無相當完備之書目耳。又四庫書目但閱簡明者無用，以吾人瀏覽之目的，不僅在知其書名，乃欲略知其書之內容，簡明書目之提要太不精采也。又如以四庫書目過繁，則暫可不觀其存目。此外有張之洞《書目答問》及近人《正續匯刻書目》，亦便檢閱，但無提要耳。此兩書出於四庫書目之後，所採之書，已有為四庫書目所無者矣。以上兩種書目之外，如前所舉梁啟超之《前清一代中國思想之蛻變》一篇，閱之於有清一代之學派，極易得其要領。

吾前所言，不過具體的廣泛的初步整理舊籍之

門徑階梯，最後所舉之三種，實可謂為門徑之門徑，階梯之階梯。由此門徑之門徑，階梯之階梯稍進，則已得其門徑階梯，如再進，則升堂入室不難矣。

第 九 章

談文論史與為學之道

　　呂思勉總結他多年的教研經驗，認為讀書治學，當先讀現代科學之書，次讀傳統的舊書典籍。青年學生在讀舊書之前，須有現代知識，就會有所得益，否則容易自以為是。此外還有兩點值得注意：其一，讀傳統典籍，宜先讀編年，緩讀正史，但又不可不讀；其二，初讀書治學者，宜先博覽，後精深，其實兩者是不可偏廢的。[1]

　　至於具體地怎樣讀經部之書，怎麼讀子部、集部之書，怎樣學習國文，怎樣教授歷史，以及整理舊籍和治學的方法等等，都是呂思勉所擅長的，說來如數家珍。張耕華把呂氏有關方面的文章編成《為學十六法》（北京：中華書局，2007 年），是一冊很值得珍視的著作。其後，張耕華又將此書重新校訂，增補〈怎樣讀歷史教科書〉和〈怎樣學習中國文字〉兩篇，改題《學史門徑詳說》，由北京東方出版社於 2018

年出版。(表16)誠如介紹所說，此書既有習讀古代典籍的方法指導，又有其數十年歷史研究的經驗總結，方法簡捷而實用，見解精到卻不艱深，具有極強的指導意義，是幫助我輩跨入史學研究殿堂的門徑和階梯。[2]

表 16　呂氏學史門徑與為學方法

篇目	《學史門徑詳說》	《為學十六法》
1. 從我學習歷史的經過說起	✓	5
2. 整理舊籍的方法	✓	3
3. 論讀經之法	✓	4
4. 論讀子之法	✓	12
5. 讀舊史入手的方法	✓	8
6. 治古史之特殊方法	✓	9
7. 乙部舉要	✓	7
8. 讀書的方法	✓	1
9. 孤島青年何以報國	✓	2
10. 怎樣讀中國歷史	✓	6
11. 研究歷史的方法	✓	11
12. 作史的方法	✓	10
13. 怎樣讀歷史教科書	✓	—
14. 怎樣學習國文	✓	14
15. 如何教授中國國文課	✓	15
16. 論大學國文系散文教學之法	✓	16
17. 怎樣學習中國文字	✓	—
18. 研究先秦諸子百家之法	—	13

第一節　國學概論和經子解題

　　黃永年說，他十三歲時偶然在地攤上買到呂思勉的《經子解題》，成為他的啟蒙讀本；尤其是在抗戰後期他上高中二年級時，聽呂思勉講授「國文」、「本國史」、「中國文化史」、「國學概論」四門課，已等於上了個有水平的高等學校。[3]

　　呂思勉指出：「國學者，吾國已往之一種學問，包含中國學術之性質與變遷，而並非為與外國絕對不同之學問也。」進而認為：「然由今之所見，則知中國之與外國，實為大同少異者也。……今世之各社會，皆為文明之社會，其程度相差無幾，善亦同善，惡亦同惡，固無何高下也。」[4]

　　中國學術的淵源有二：一是古代的宗教哲學，二是政治機關經驗所得，所謂王官之學。先秦諸子之學，有幾點是應該知道的：（一）諸子之學重在社會政治方面，不重在哲學科學方面，因諸子本身之發展，及其對後來的影響皆如此。（二）古有專門，即一種學問的派別，而無通學，兼取各派，擇善而從，至漢代方有通學。「故諸子之學，就一方面論之則精，合各方面論之則空。其相互攻駁之語，多昧於他人之立場，不合論理。」（三）先秦諸子之學，非皆個人創造，大抵前有所承，新舊適與不適不等，蓋

其時間有早晚，又地域亦有開通與僻陋之別也。

孔子之道，具於六經，而六經之中，《易》與《春秋》為尤要。儒家出於司徒之官，故重教化。惟儒家在政治上之抱負，因社會組織已變，無由實施，其有於中國者，乃在社會方面：（一）重人與人相和親，而不重政治力量之控制；（二）最重中庸，故凡事不趨極端，制度風俗，皆不止積重難返，而中國人無頑固之病；（三）重恕，其標準極簡單明了，而含義又極高深，「恕成為普遍的人生哲學，無意間為社會保持公道，此儒家之大有造於中國社會者」。儒學至漢代，去實用漸遠，專抱遺經研究，遂漸變成所謂經學。[5]

後來呂思勉在提到《經子解題》時，指出：「論讀古書方法，及考證古籍，推論古代學術派別源流處可供參考。」[6] 在一篇題為〈論讀經之法〉的講話中說：「先明一家之書，其餘皆可取證。然則先經後子，固研求古籍之良法矣。」可注意者三事：一、經學變遷之大勢；二、治經當從漢人之書入；三、治經當分清今古文家數。皮錫瑞《經學歷史》可首讀之，以知歷代經學變遷大略；廖平《今古文考》必須次讀之，蓋分別今古文之法至廖氏始精確；康有為《新學偽經考》於重要事實考辨頗詳，讀之不啻讀一詳博之兩漢經學史也。[7]

第二節　為學方法與治史門徑

　　呂思勉說，學問的門徑，所能指出的，不過是第一步。能夠把書本的記載和閱歷所得「合同而化」，才是真正的學問。職業青年治學的環境，未必比專門讀書的青年為差，理由就在於此，這是大家不可不知的。[8]

　　談到讀書與報國問題，他認為實際有所工作，固然是報國，潛心研究學術也是報國的一種方式。知易行難，不容看輕難的工作。[9] 他又指出學問在於空間，不在於紙上，或主精研，或主博涉，不過就其所注重者而言，其實是不可偏廢的。專門研究的書，是要用沉潛剛克的方法的；涉獵較廣的書，則宜用高明柔克的法子。「沉潛剛克，高明柔克」，是《書經》〈洪範〉篇上的兩句話。前者培訓專家，後者養成通才，各人應該就其性之所近，亦可兩者並用。[10]

　　史學即乙部之學，呂思勉在〈乙部舉要〉中指出，正史之中，以「前四史」為最要，以後的正史大都因襲四史，所以四史差不多是後世歷史的淵源，成了治史的常識和最普通的學問。吾人讀史，固當先讀編年，自覺大事已能貫通，然後讀正史，《史記》、《漢書》、《後漢書》、《三國志》須先看。編年史讀《通鑑》、《續通鑑》及《明通鑑》（或《明紀》，兼及紀

事本末);《通志》但讀二十略,《通考》擇有用之門類讀之。古史可但讀《繹史》,歷史地理但讀《讀史方輿紀要》。每日讀二小時,三年不間斷,可讀畢上列諸書,再進而求之,自己亦略有門徑矣。[11]

第三節　呂思勉研究專著導讀

　　張耕華著有兩種敍述呂思勉生平和學術的書,其一是《人類的祥瑞——呂思勉傳》(上海:華東師範大學出版社,1998 年),其二是《史學大師——呂思勉》(上海:上海教育出版社,2001 年),都便於閱讀。

　　俞振基著《蒿廬問學記:呂思勉生平與學術》(北京:三聯書店,1996 年),包括學者、門生弟子的文章,呂思勉的自述和編著目錄,從多方面、多角度闡述呂氏的教研成就。湯志鈞強調呂思勉治學嚴肅,作風踏實,他「學識的淵博和待人的懇摯,一直為人所稱道」。[12] 楊寬指出:

> 呂思勉先生作為一位歷史學家,在中國古
> 代史研究領域裏的成就是多方面的,貢獻
> 是巨大的,給我們留下了許多有份量、有
> 價值的歷史著作,在研究工作上具有承先

啟後的作用。[13]

錢穆〈回憶呂誠之老師〉之外，有回憶文章逾十篇；呂思勉女兒呂翼仁的〈先父呂思勉在抗戰中的生活片段〉，彌足珍貴。還有呂思勉的〈自述〉和〈自述學習歷史之經過〉等，都是認識呂氏學術很重要的材料。

華東師範大學呂思勉人文高等研究院呂思勉研究中心編《觀其會通：呂思勉先生逝世六十周年紀念文集》（上海：上海古籍出版社，2017年），可供進一步參考。共收文章二十五篇，分成四類：（一）綜論呂思勉在二十世紀新史學中的地位，王家范和虞雲國兩篇宜並讀；（二）專論呂思勉史學某一課題或著作的，有十一篇；（三）探討論呂思勉在小說理論與實踐方面的，有五篇；（四）介紹呂思勉編纂的修身、國文、歷史各種教科書的，亦有五篇。治史者一般較為忽略呂思勉在文學方面的成績，亦不甚重視他編寫的學校課本，本書都能作出相應的補充；書末以張耕華的〈百餘年來呂思勉著述的出版、整理重印情況的綜述〉一文殿後，就有關的情況作了全盤回顧。[14] 讀者仔細閱讀的話，呂思勉學術的博大與精微，從中可以一覽無遺。

對於研究者來說，李永圻、張耕華編撰《呂思勉

先生年譜長編》上、下冊（上海：上海古籍出版社，2012年）不可不備。年譜分為七卷，附呂翼仁回憶四篇及呂思勉著述繫年，厚達一千一百餘頁，總數一百五十萬餘字。舉凡呂思勉的傳記資料和出版資訊，均了著錄。[15]

　　莫名著《尋些碎石好墊底——讀呂思勉兩部書》上、下冊（香港：天地圖書有限公司，2015 年）所述甚詳。近刊何周著《呂思勉文獻學成就研究》（合肥：黃山書社，2016 年），是由博士論文修改而成，除〈緒論〉和〈結語〉外，分為五章，依次闡述呂思勉的目錄學成就、辨偽學成就、史料學成就、編纂學成就和歷史考據成就，對呂思勉在文獻學上的思想和實踐，進行了條理清晰的探討，指出他既繼承了傳統乾嘉考據學派的考據精神，又得益於西方科學精神的薰染。[16]

　　如上所述，關於呂思勉生平和學術的書籍雖多，而仍以介紹性、回憶性的文字為主，系統和全面的深入探究，還需假以時日。應予肯定的是在研究條件已充份具備的當前，除了個別學者本身努力外，學界進行合作研究是更有效的方法。

註釋：

[1]　呂思勉著，張耕華編《為學十六法》（北京：中華書局，2007
年），〈編後記：金針度人，啟迪後學〉，頁 220－222。

[2]　呂思勉著，張耕華編《學史門徑詳說》（北京：東方出版社，
2018 年），〈作品簡介〉，封底。

[3]　呂思勉著，黃永年記《呂思勉文史四講》（北京：中華書局，
2008 年），〈前言〉，頁 1。

[4]　黃永年記《呂思勉文史四講》，第四講〈國學概論〉，頁 151。

[5]　同上註，頁 151－164。

[6]　呂思勉〈自述〉，《呂思勉學術文集》，頁 395。

[7]　呂思勉著，張耕華編《學史門徑詳說》，第三講〈論讀經之法〉，
頁 28－33。

[8]　呂思勉著，張耕華編《學史門徑詳說》，第一講〈從我學習歷
史的經過說起〉，頁 11－12。

[9]　呂思勉著，張耕華編《學史門徑詳說》，第九講〈孤島青年何
以報國〉，頁 114。

[10]　呂思勉著，張耕華編《學史門徑詳說》，第八講〈讀書的方法〉，
頁 108－109。

[11]　呂思勉著，張耕華編《學史門徑詳說》，第七講〈乙部舉要〉，
頁 92－100。

[12]　湯志鈞〈現代史學家呂思勉〉，俞振基著《蒿廬問學記：呂思
勉生平與學術》（北京：三聯書店，1996 年），頁 3。

[13]　楊寬〈呂思勉先生的史學研究〉，俞振基著《蒿廬問學記：呂
思勉生平與學術》，頁 32－33。

[14]　華東師範大學思勉人文高等研究呂思勉研究中心編《觀其會通：
呂思勉先生逝世十六周年紀念文集》。

[15]　李永圻、張耕華編撰《呂思勉先生年譜長編》上、下冊。

[16]　何周著《呂思勉文獻學成就研究》（合肥：黃山書社，2016 年）。

呂著選讀

論讀經之法
選自《經子解題》（1926 年）

　　吾國舊籍，分為經、史、子、集四部，由來已久。而四者之中，集為後起。蓋人類之學問，必有其研究之對象。書籍之以記載現象為主者，是為史；就現象加以研求、發明公理者，則為經、子。固無所謂集也。然古代學術，皆專門名家，各不相通。後世則漸不能然。一書也，視為記載現象之史一類固可，視為研求現象、發明公理之經、子一類，亦無不可。論其學術流別，亦往往兼搜並採，不名一家。此等書，在經、史、子三部中，無類可歸；乃不得不別立一名，而稱之曰「集」。此猶編新書目錄者，政治可云政治，法律可云法律，至不專一學之雜誌，則無類可歸；編舊書目錄者，經可曰經，史可曰史，至兼包四部之叢書，則不得不別立叢部云爾。

一、經、子不同及先經後子

　　經、子本相同之物，自漢以後，特尊儒學，乃自諸子書中，提出儒家之書，而稱之曰經。此等見解，在今日原不必存。然經之與子，亦自有其不同之

處。孔子稱「述而不作」，其書雖亦發揮己見，顧皆以舊書為藍本。故在諸家中，儒家之六經，與前此之古書，關係最大。古文家以六經皆周公舊典，孔子特補苴綴拾，固非；今文家之偏者，至謂六經皆孔子手著，前無所承，亦為未是。六經果皆孔子手著，何不明白曉暢，自作一書；而必偽造生民、虛張帝典乎？治之之法，亦遂不能不因之而殊。章太炎所謂「經多陳事實，諸子多明義理；賈、馬不能理諸子，郭象、張湛不能治經」是也（《與章行嚴論墨學第二書》，見《華國月刊》第四期。按此以大較言之，勿泥）。

又學問之光大，不徒視前人之倡導，亦視後人之發揮。儒學專行二千年，治之者多，自然日益光大。又其傳書既眾，疏注亦詳，後學鑽研，自較治諸子之書為易。天下本無截然不同之理；訓詁名物，尤為百家所同。先明一家之書，其餘皆可取證。然則先經後子，固研求古籍之良法矣。

二、經學變遷

欲治經，必先知歷代經學變遷之大勢。今按吾國經學，可大別為漢、宋二流；而細別之，則二者之中，又各可分數派。

秦火之後，西漢之初，學問皆由口耳相傳，其

後乃用當時通行文字，著之竹帛，此後人所稱為「今文學」者也。末造乃有自謂得古書為據，而訾今文家所傳為闕誤者，於是有「古文之學」焉。今文學之初祖，《史記・儒林傳》所列，凡有八家：所謂「言《詩》，於齊則轅固生，於燕則韓太傅。言《書》，自濟南伏生。言《禮》，自魯高堂生。言《易》，自菑川田生。言《春秋》，於齊、魯自胡毋生，於趙自董仲舒」是也。東京立十四博士：《詩》魯、齊、韓；《書》歐陽、大小夏侯；《禮》大小戴；《易》施、孟、梁丘、京；《春秋》嚴、顏；皆今文學。古文之學：《詩》有毛氏，《書》有《古文尚書》，《禮》有《周禮》，《易》有費氏，《春秋》有左氏，皆未得立。然東漢末造，古文大盛，而今文之學遂微。盛極必衰，乃又有所謂偽古文者出。偽古文之案，起於王肅。肅蓋欲與鄭玄爭名，乃偽造古書，以為證據。即清儒所力攻之偽古文《尚書》一案是也。漢代今古文之學，本各守專門，不相通假。鄭玄出，乃以意去取牽合，盡破其界限。王肅好攻鄭，而其不守家法，亦與鄭同（二人皆糅雜今古，而皆偏於古）。鄭學盛行於漢末；王肅為晉武帝外祖，其學亦頗行於晉初；而兩漢專門之學遂亡。

此後經學乃分二派：一以當時之偽書玄學，羼入其中，如王弼之《易》，偽孔安國之《書》是。一

仍篤守漢人所傳，如治《禮》之宗鄭氏是。其時經師傳授之緒既絕，乃相率致力於箋疏。是為南北朝義疏之學。至唐代纂《五經正義》，而集其大成。南北朝經學不同。《北史·儒林傳》：「其在江左：《周易》則王輔嗣，《尚書》則孔安國，《左傳》則杜元凱。其在河洛：《左傳》則服子慎，《尚書》、《周易》則鄭康成。《詩》則並主於毛公，《禮》則同遵於鄭氏。」是除《詩》、《禮》外，南方所行者，為魏、晉人之學；北方所守者，則東漢之古文學也。然逮南北統一，南學盛而北學微，唐人修《五經正義》，《易》取王，《書》取偽孔，《左》取杜，而服、鄭之學又亡。以上所述，雖派別不同，而同導源於漢，可括之於漢學一流者也。

北宋之世，乃異軍蒼頭特起。宋人之治經也，不墨守前人傳注，而兼憑一己所主張之義理。其長處，在能廓清摧陷，一掃前人之障翳，而直湊單微；其短處，則妄以今人之意見，測度古人，據後世之情形，議論古事，遂至不合事實。自南宋理宗以後，程、朱之學大行。元延祐科舉法，諸經皆採用宋人之書。明初因之。永樂時，又命胡廣等修《四書五經大全》，悉取宋、元人成著，抄襲成書。自《大全》出，士不知有漢、唐人之學，並不復讀宋、元人之書；而明代士子之空疏，遂於歷代為最甚。蓋一種學問之末

流，恆不免於流蕩而忘反。宋學雖未嘗教人以空疏，然率其偏重義理之習而行之，其弊必至於此也。物窮則變，而清代之漢學又起。

清儒之講漢學也，始之以參稽博考，擇善而從，尚只可稱為漢、宋兼採。其後知憑臆去取，雖極矜慎，終不免於有失，不如專重客觀之為當也。於是屏宋而專宗漢，乃成純粹之漢學。最後漢學之中，又分出宗尚今文一派，與前此崇信賈馬許鄭者立別。蓋清儒意主復古，剝蕉抽繭之勢，非至於此不止也。

經學之歷史，欲詳陳之，數十萬言不能盡。以上所云，不過因論讀經之法，先提挈其綱領而已。今請進言讀經之法。

三、治經當從漢人之書入

治學之法，忌偏重主觀。偏重主觀者，一時似愜心貴當，而終不免於差繆。能注重客觀則反是。今試設一譬：東門失火，西門聞之，甲乙丙丁，言人人殊。擇其最近於情理者信之，則偏重主觀之法也。不以己意定其然否，但考其人孰為親見，孰為傳聞。同傳聞也，孰親聞諸失火之家，孰但得諸道路傳述；以是定其言之信否，則注重客觀之法也。用前法者，說每近情，而其究多誤；用後法者，說或遠理，而其究

多真。累試不爽。大抵時代相近，則思想相同。故前人之言，即與後人同出揣度，亦恆較後人為確。況於師友傳述，或出親聞；遺物未湮，可資目驗者乎？此讀書之所以重「古據」也。宋人之經學，原亦有其所長；然憑臆相爭，是非難定。自此入手，不免失之汗漫。故治經當從漢人之書入。此則治學之法如是，非有所偏好惡也。

四、治經當分清今古文家數

治漢學者，於今、古文家數，必須分清。漢人學問最重師法，各守專門，絲毫不容假借。如《公羊》宣十五年何《注》，述井田之制，與《漢書·食貨志》略同，然《漢志》用《周官》處，《解詁》即一語不採。凡古事傳至今日者，率多東鱗西爪之談。掇拾叢殘，往往苦其亂絲無緒；然苟能深知其學術派別，殆無不可整理之成兩組者。夫能整理之成兩組，則紛然淆亂之說，不啻皆有線索可尋。

今試舉一實例。如三皇五帝，向來異說紛如，苟以此法馭之，即可分為今、古文兩說。三皇之說，以為天皇十二頭，地皇十一頭，立各一萬八千歲；人皇九頭，分長九州者，《河圖》、《三五曆》也。以為燧人、伏羲、神農者，《尚書大傳》也。以為伏羲、

神農、燧人，或曰伏羲、神農、祝融者，《白虎通》也。以為伏羲、女媧、神農者，鄭玄也。以為天皇、地皇、泰皇者，始皇議帝號時秦博士之說也。除《緯書》荒怪，別為一說外，《尚書大傳》為今文說，鄭玄偏重古文。伏生者，秦博士之一。《大傳》云：「燧人以火紀，陽尊，故託燧皇於天；伏羲以人事紀，故託羲皇於人；神農悉地力，種穀蔬，故託農皇於地。」可見儒家所謂三皇者，義實取於天、地、人。《大傳》與秦博士之說，即一說也。《河圖》、《三五曆》之說，司馬貞《補三皇本紀》列為或說；其正說則從鄭玄。《補三皇本紀》述女媧氏事云：「諸侯有共工氏，與祝融氏戰，不勝，而怒。乃頭觸不周之山，天柱折，地維缺。女媧乃煉五色石以補天」云云。上言祝融，下言女媧，則祝融即女媧。《白虎通》正說從今文，以古文備或說；或古文說為後人竄入也。五帝之說，《史記》、《世本》、《大戴禮》，並以黃帝、顓頊、帝嚳、堯、舜當之；鄭玄說多一少昊。今按《後漢書·賈逵傳》，逵言：「五經家皆言顓頊代黃帝，而堯不得為火德。左氏以為少昊代黃帝，即圖讖所謂帝宣也。如令堯不得為火德，則漢不得為赤。」則左氏家增入一少昊，以六人為五帝之情可見矣。《史記》、《世本》、《大戴禮》，皆今文說，《左氏》古文說也。且有時一說也，主張之者只一二人；又一說也，主張

之者乃有多人，似乎證多而強矣。然苟能知其派別，即可知其輾轉祖述，仍出一師。不過一造之說，傳者較多；一造之說，傳者較少耳。凡此等處，亦必能分清家數，乃不至於聽熒也。

五、經學入門書目

近人指示治學門徑之書甚多，然多失之浩博。吾今舉出經學入門簡要之書如下：

皮錫瑞《經學歷史》 此書可首讀之，以知歷代經學變遷大略。

廖平《今古文考》 廖氏晚年著書，頗涉荒怪。早年則不然。分別今古文之法，至廖氏始精確。此書必須次讀之。

康有為《新學偽經考》 吾舉此書，或疑吾偏信今文，其實不然也。讀前人之書，固可以觀其事實，而勿泥其議論。此書於重要事實，考辨頗詳，皆前列原書，後抒己見；讀之，不啻讀一詳博之兩漢經學史也。此書今頗難得；如能得之者，讀廖氏《今古文考》後，可續讀之。

《禮記·王制注疏》、《周禮注疏》、陳立《白虎通疏證》、陳壽祺《五經異義疏證》 今古文同異重要之處，皆在制度。今文家制度，以《王制》為大

宗；古文家制度，以《周禮》為總匯。讀此二書，於今古文同異，大致已可明白。兩種皆須連疏注細看，不可但讀疏文，亦不可但看注。《白虎通義》為東京十四博士之說，今文學之結晶也。《五經異義》為許慎所撰，列舉今古文異說於前，下加按語，並有鄭駁，對照尤為明瞭。二陳《疏證》，間有誤處；以其時今古文之別，尚未大明也。學者既讀前列各書，於今古之別，已可了然，亦但觀其採摭之博可矣。

此數書日讀一小時，速則三月，至遲半年，必可卒業。然後以讀其餘諸書，即不慮其茫無把握矣。

六、經、傳皆可信

古代史書，傳者極少。古事之傳於後者，大抵在經、子之中。而古人主客觀不甚分明；客觀事實，往往夾雜主觀為說；甚有全出虛構者，是為寓言（參看後論讀子之法）。而其學問，率由口耳相傳，又不能無訛誤；古書之傳於今者，又不能無闕佚。是以隨舉一事，輒異說蜂起，令人如墮五里霧中。治古史之難以此。

苟知古事之茫昧，皆由主客觀夾雜使然，即可按其學術流別，將各家學說，分別部居；然後除去其主觀成分而觀之，即古事之真相可見矣。然則前述分

別今古文之法，不徒可施之儒家之今古文，並可施之諸子也。此當於論讀子方法時詳之。唯有一端，論讀經方法時，仍不得不先述及者，則「既知古代書籍，率多治其學者東鱗西爪之談，並無有條理系統之作，而又皆出於叢殘掇拾之餘；則傳之與經，信否亦無大分別」是也。

世之尊經過甚者，多執經為孔子手定，一字無訛；傳為後學所記，不免有誤。故於經傳互異者，非執經以正傳，即棄傳而從經，幾視為天經地義。殊不知尼山刪訂，實在晚年，焉能字字皆由親筆。即謂其字字皆由親筆，而孔子與其弟子，亦同時人耳，焉見孔子自執筆為之者，即一字無訛？言出於孔子之口，而弟子記之，抑或推衍師意者，即必不免有誤哉。

若謂經難私造，傳可妄為，則二者皆漢初先師所傳，經可信，傳亦可信；傳可偽，經亦可偽也。若信今文之學，則經皆漢代先師所傳，即有訛闕，後人亦無從知之。若信古文之學，謂今文家所傳之經，以別有古經，可資核對，所異惟在文字，是以知其可信；則今文先師，既不偽經，亦必不偽傳也。是以漢人引用，經、傳初不立別。

崔適《春秋復始》，論「漢儒引《公羊》者皆謂之《春秋》；可見當時所謂《春秋》者，實合今之《公羊傳》而名之」甚詳。余謂不但《春秋》如此，即他

經亦如此。《太史公自序》引《易》「失之毫釐，繆以千里」（此二語漢人引者甚多，皆謂之《易》），今其文但見《易緯》。又如《孟子·梁惠王下篇》，載孟子對齊宣王好勇之問曰：「《詩》云：王赫斯怒，爰整其旅，以遏徂莒，以篤周祜，以對於天下。此文王之勇也，文王一怒而安天下之民。《書》曰：天降下民，作之君，作之師；惟曰其助上帝，寵之四方，有罪無罪，惟我在，天下曷敢有越厥志。一人衡行於天下，武王恥之。此武王之勇也。而武王亦一怒而安天下之民。」「此文王之勇也」，「此武王之勇也」，句法相同；自此以上，皆當為《詩》、《書》之辭；然「一人衡行於天下，武王恥之」，實為後人評論之語。孟子所引，蓋亦《書》、《傳》文也。舉此兩事，餘可類推。

近人過信經而疑傳者甚多。予去歲《辨梁任公陰陽五行說之來歷》一文，曾力辨之。見《東方雜誌》第二十卷第二十冊，可以參觀。又如《北京大學月刊》一卷三號，載朱君希祖整理中國最古書籍之方法論，謂欲「判別今古文之是非，必取立敵共許之法。古書中無明文。今古文家之傳說，一概捐除。惟《易》十二篇，《書》二十九篇，《詩》三百五篇，《禮》十七篇，《春秋》、《論語》、《孝經》七書，為今古文家所共信。因欲取為判別二家是非之准」。朱君之

意，蓋欲棄經說而用經文，亦與梁君同蔽。姑無論經、傳信否，相去不遠。即謂經可信，傳不可信，而經文有不能解釋處，勢必仍取一家傳說，是仍以此攻彼耳，何立敵共許之有？今古說之相持不決者，固各有經文為據，觀許慎之《五經異義》及鄭駁可見也。決嫌疑者視諸聖，久為古人之口頭禪，豈有明有經文可據，而不知援以自重者哉？大抵古今人之才智，不甚相遠。經學之所以聚訟，古事之所以茫昧，自各有其原因。此等疑難，原非必不可以袪除，然必非一朝所能驟決。若有如朱君所云直截了當之法，前此治經之人，豈皆愚騃，無一見及者邪？

七、治經三法

治經之法，凡有數種：

（一）即以經為一種學問而治之者。此等見解，由昔日尊經過甚使然，今已不甚適合。又一經之中，所包甚廣，人之性質，各有所宜，長於此者不必長於彼。因治一經而遍及諸學，非徒力所不及，即能勉強從事，亦必不能深造。故此法在今日不甚適用。

（二）則視經為國故，加以整理者。此則各本所學，求其相關者於經，名為治經，實仍是治此科之學，而求其材料於古書耳。此法先須於所治之學，深

造有得，再加以整理古書之能，乃克有濟。此篇所言，大概為此發也。

（三）又有因欲研究文學，而從事於讀經者。其意亦殊可取。蓋文學必資言語，而言語今古相承，不知古語，即不知後世言語之根源。故不知最古之書者，於後人文字，亦必不能真解。經固吾國最古之書也。但文學之為物，不重在死法，而貴能領略其美。文學之美，只可直覺；非但徒講無益，抑亦無從講起。今姑定一簡明之目，以為初學誦習參考之資。蓋凡事熟能生巧，治文學者亦不外此。後世文學，根源皆在古書。同一熟誦，誦後世書，固不如誦古書之有益。而欲精研文學，則數十百篇熟誦之文字，固亦決不能無也。

附 錄 一

呂思勉年譜簡編

1884 年（光緒十年）
- 2 月 27 日（二月初一日），生於江蘇常州十子街的呂氏祖居。
- 本年，中法越南戰爭。

1890 年（光緒十六年）六歲
- 本年，受業於薛念辛，至九歲。

1893 年（光緒十九年）九歲
- 本年，母程氏授以《綱鑑正史約編》，開始接觸史學。

1894 年（光緒二十年）十歲
- 本年，中日甲午戰爭。
- 改從魏少泉讀，至十二歲。

1896 年（光緒二十二年）十二歲
- 夏，因家境拮据未能延師，由父親自行教授學業，前後凡三年。

1898 年（光緒二十四年）十四歲
- 本年，戊戌變法，旋因政變而失敗。

1899 年（光緒二十五年）十五歲
- 本年，入陽湖縣學。

1900 年（光緒二十六年）十六歲
- 本年，八國聯軍之役。
- 自讀正續《通鑑》及《明紀》。

1901 年（光緒二十七年）十七歲
- 本年，受教於丁桂徵。

1903 年（光緒二十九年） 十九歲

· 本年，赴金陵應鄉試。

1904 年（光緒三十年） 二十歲

· 本年，與虞菱女士結婚。

1905 年（光緒三十一年） 二十一歲

· 本年，在常州私立溪山兩級小學堂任教，至次年年底。

· 其父於此年患病，臥床將近一年而逝。

1907 年（光緒三十三年） 二十三歲

· 年初至暑假前，在蘇州東吳大學教國文、歷史。

· 冬，在常州府中學堂任教歷史、地理，至 1909 年。

· 本年開始，專心致意研治史學。

1910 年（宣統二年） 二十六歲

· 本年，至南通國文專修科任教，為時一年半。

1911 年（宣統三年） 二十七歲

· 10 月，辛亥革命爆發。

1912 年（民國元年） 二十八歲

· 1 月 1 日，中華民國成立。

· 本年，赴上海私立甲種商業學校任教，至 1914 年暑假前。

1914 年（民國三年） 三十歲

· 暑假後，入中華書局任編輯，至 1918 年秋。

· 本年，作《本論》十二篇。

1917 年（民國六年）三十三歲

- 本年，編著《國恥小史》上、下冊，由上海中華書局
出版。

1918 年（民國七年）三十四歲

- 秋，辭中華書局之職，擬前往瀋陽高等師範學校任
教，但未成行。

1919 年（民國八年）三十五歲

- 上半年，任商務印書館編輯，協助謝觀編著《中國醫
學大辭典》（1921 年出版）。
- 暑假後，赴蘇州省立第一師範任教。
- 本年，撰《醫籍知津》（後來改稱《中國醫學源流論》）。

1920 年（民國九年）三十六歲

- 1 月，在瀋陽高等師範學校任教，着手編寫《中國歷
史講義》、《國文史地部國文講義》等。
- 本年，在《瀋陽高師週刊》發表〈新舊文學之研究〉
等文，積極參與新文化運動。

1921 年（民國十年）三十七歲

- 本年，在《瀋陽高師週刊》發表〈整理舊籍的方式〉、
〈中國古代哲學與道德的關係〉、〈答程鷺于書〉等文。

1922 年（民國十一年）三十八歲

- 本年，繼續在瀋陽高師任教，並在《瀋陽高師週刊》
發表〈古代印度與佛教〉、〈西域〉等文。

1923 年（民國十二年）三十九歲

- 2 月，在蘇州省立第一師範學校專修科教授國文、歷
史，直至 1925 年 7 月。
- 9 月，《白話本國史》由上海商務印書館出版，是中國
第一部用語體文寫的中國通史，對當時史學界產生重
要影響，長期被用作大學教材。

- 12 月，講《群經概論》，並撰〈讀諸子之法〉一文。
- 本年，在蘇州省立第一師範學校任教期間，曾撰《中國文字變遷考》、《字例略說》、《章句論》、《說文解字文考》等，現匯編為《文字學四種》。

1925 年（民國十四年） 四十一歲
- 8 月，赴上海滬江大學任教，開中國文字學、宋明理學諸課，深受學生歡迎。

1926 年（民國十五年） 四十二歲
- 8 月，任上海光華大學國文系教授，後任歷史系教授、系主任。直至 1951 年院系調整光華大學併入華東師範大學為止。
- 本年，《經子解題》、《中國文字變遷考》、《章句論》由上海商務印書館出版。

1927 年（民國十六年） 四十三歲
- 本年，《字例略說》由上海商務印書館出版。
- 作〈致光華大學行政會書〉，建議將本校學生軍推行校外，在學校附近創辦社倉，以為將來對外作戰之備。

1928 年（民國十七年） 四十四歲
- 本年，編著《新唐書選注》，由上海商務印書館出版。
- 光華同學創辦《小雅》雜誌，呂思勉代寫發刊辭。

1929 年（民國十八年） 四十五歲
- 本年，《中國國體制度小史》五種，由上海中山書局出版；《日俄戰爭》由上海商務印書館出版。

1931 年（民國二十年） 四十七歲
- 3 月，《理學綱要》由上海商務印書館出版。
- 8 月，《宋代文學》由上海商務印書館出版。

1932 年（民國二十一年） 四十八歲
- 4 至 6 月，請假赴安慶省立安徽大學短期講學。

- 8 月，返光華大學。

1933 年（民國二十二年）四十九歲
- 10 月，《先秦學術概論》由上海世界書局出版。

1934 年（民國二十三年）五十歲
- 4 月，《中國民族史》由上海世界書局出版。
- 本年，《史通評》由上海商務印書館出版。
- 撰〈秦代初平南越考之商榷〉，評論鄂盧梭〈秦代初平南越考〉一文。

1935 年（民國二十四年）五十一歲
- 本年，《中國民族演進史》由上海亞細亞書局出版。
- 撰《中國政治思想史》講義。

1937 年（民國二十六年）五十三歲
- 3 月，《燕石札記》由上海商務印書館出版。
- 7 月 7 日，七七蘆溝橋事變，中日戰爭爆發；「八‧一三」事件日軍進攻上海後，離滬返故里。
- 秋，光華大學遷入租界內開學。
- 10 月，返滬。
- 本年至 1941 年間，除在光華大學任教外，還在租界內的滬江大學、誠明文學院等校兼課。

1939 年（民國二十八年）五十五歲
- 4 月，撰《史學雜論》。

1940 年（民國年二十九）五十六歲
- 本年，《中國通史》上卷由上海開明書店出版。
- 撰〈四史中的谷階〉、〈上海風氣〉等文。
- 蔡元培病逝，呂思勉寫〈蔡孑民論〉，盛讚蔡元培為推動時代之巨擘。

1941 年（民國三十年） 五十七歲

- 6 月，與童書業合編《古史辨》第七冊，由上海開明書店出版。
- 9 月，至誠明文學院兼課。
- 12 月，《先秦史》由上海開明書店出版。
- 年底，在《中美日報》發表〈國文教學質疑〉。
- 本年，在《宇宙風》半月刊百期紀念號發表〈讀史隨筆〉。

1942 年（民國三十一年） 五十八歲

- 8 月，返常州任教於游擊區青雲、輔華兩校，每週往返城鄉間，開設「中國文化史」、「中國歷史」、「國學概論」等課。
- 本年，著手撰《兩晉南北朝史》。

1943 年（民國三十二年） 五十九歲

- 1 月，《三國史話》由上海開明書店出版。

1944 年（民國三十三年） 六十歲

- 9 月，《中國通史》下卷由上海開明書店出版。

1945 年（民國三十四年） 六十一歲

- 本年，抗戰勝利後返上海光華大學任教。
- 《歷史研究法》由上海永祥印書館出版。

1946 年（民國三十五年） 六十二歲

- 本年，在復旦大學兼課，教授中國政治史。
- 撰〈從章太炎說到康長素梁任公〉長文，讚揚梁啟超的氣節。

1947 年（民國三十六年） 六十三歲

- 3 月，《秦漢史》由上海開明書店出版。
- 5 月，積極參加反對光華大學改成國立學校運動。

1948 年（民國三十七年） 六十四歲

· 10 月，《兩晉南北朝史》由上海開明書店出版。

1949 年（民國三十八年） 六十五歲

· 6 月，偕夫人回常州小住。

· 10 月 1 日，中華人民共和國成立。

1950 年 六十六歲

· 4 月，當選光華大學工會主席。

· 本年，校訂《唯物史觀中國史》。

1951 年 六十七歲

· 本年，光華大學等高校調整合併，成立華東師範大
學，任該校一級教授。

· 撰〈論大學中文系散文教學方法〉一文。

1952 年 六十八歲

· 5 月，為出版《隋唐五代史》事，致信北京開明書店。

· 作〈書店宜印完全書目議〉。

1954 年 七十歲

· 3 月，患心臟病停止授課，病中撰〈中國史籍讀法〉。

· 10 月，因病進武進醫院。

1957 年 七十三歲

· 10 月 9 日清晨在上海華東醫院逝世。

呂思勉著作初版繫年

1915 年　《蘇秦張儀》，上海：中華書局。

1916 年　《關岳合傳》，上海：中華書局。

　　　　《高等小學校用新式地理教科書》（1－6），上海：中華書局。

　　　　《高等小學校用新式國文教科書》（1－6），上海：中華書局，1916－1921 年。

1917 年　《中國地理大勢》（上、下冊），上海：中華書局。

　　　　《國恥小史》（上、下冊），上海：中華書局。

1923 年　《白話本國史》（1－4），上海：商務印書館。

1924 年　《新學制高級中學本國史教科書》，上海：商務印書館。

1925 年　《本國史》，上海：商務印書館。

1926 年　《經子解題》，上海：商務印書館。

　　　　《中國文字變遷考》，上海：商務印書館。

　　　　《章句論》，上海：商務印書館。

1927 年　《字例略説》，上海：商務印書館。

1928 年　〔宋〕歐陽修、宋祁著，呂思勉選注《〈新唐書〉選注》，上海：商務印書館。

1929 年　《中國國體制度小史》，上海：中山書局。

　　　　《中國政體制度小史》，上海：中山書局。

　　　　《中國宗族制度小史》，上海：中山書局。

　　　　《中國婚姻制度小史》，上海：中山書局。

　　　　《中國階級制度小史》，上海：中山書局。

1931 年	《理學綱要》，上海：商務印書館。
	《宋代文學》，上海：商務印書館。
1933 年	《先秦學術概論》，上海：世界書局。
1934 年	《中國民族史》，上海：世界書局。
	《史通評》，上海：商務印書館。
	《復興高級中學教科書本國史》（上、下），上海：商務印書館。
1935 年	《高中復習叢書本國史》，上海：商務印書館。
	《初中標準教本本國史》（1−4），上海：中學生書局。
	《中國民族演進史》，上海：亞細亞書局。
1937 年	《燕石札記》，上海：商務印書館。
1938 年	《古史家傳記文選》，長沙：商務印書館。
1940 年	《中國通史》（上），上海：開明書店；下冊於 1944 年出版。
1941 年	呂思勉、童書業編《古史辨》（第七冊），上海：開明書店；分上、中、下三編，每編一冊。
1943 年	《三國史話》，上海：開明書店。
1945 年	《歷史研究法》，上海：永祥印書館。
1946 年	《初中本國史補充讀本》，上海：中學生書店。
1947 年	《秦漢史》（上、下），上海：開明書店。
1948 年	《兩晉南北朝史》（上、下），上海：開明書店。
1958 年	《燕石續札》，上海：上海人民出版社。
1959 年	《隋唐五代史》，北京：中華書局。

附 錄 三

呂思勉著作重印及整理進展

1964 年　《先秦史》、《秦漢史》、《兩晉南北朝史》（上、下冊）、《隋唐五代史》、《史通評》、《古史辨》（第七冊），香港：太平書局重印。

《宋代文學》，香港：商務印書館重印。

1969 年　《呂著中國通史》（上、下冊），香港：商務印書館重印。

1981 年　《史學四種》，上海：上海人民出版社，收錄《歷史研究法》、《史通評》、《中國史籍讀法》及《文史通義評》。

1982 年　《呂思勉讀史札記》，上海：上海古籍出版社，收錄《燕石札記》、《燕石續札》及未刊札記四百餘篇。

1985 年　《中國制度史》，上海：上海教育出版社。

《文學四種》，上海：上海教育出版社，收錄《中國文字變遷考》、《章句論》、《字例略說》三書的修訂本及《說文解字文考》。

1987 年　《論學集林》，上海：上海教育出版社，收錄《經子解題》、《宋代文學》、《三國史話》三書及《史籍與史學》、《蒿廬論學叢稿》、《三國史話之餘》、《蒿廬札記》等未刊稿。

1997 年　《呂著中國近代史》，上海：華東師範大學出版社，收錄《中國近代史講義》、《中國近世史前編》、《中國近百年史概說》、《中國近世文化史補編》及《日俄戰爭》，內容稍有刪節。

《呂思勉遺文集》（上、下冊），上海：華東師範大學出版社，收錄《蒿廬叢稿》、《中國政治思想史十講》、《中國文化史六講》、《大同釋義》、《中國階級制度小史》、《本國史答問（即《高中復習叢書本國史》）、《蒿廬札記》等。

2005 年	「呂思勉文集」，上海：上海古籍出版社，共十八種二十六冊，收錄呂思勉各種著述五十餘種，相當於呂思勉全集，直至 2011 年出齊。（參表 1：「呂思勉文集」各卷編目）。
2007 年	呂思勉著、張耕華編《為學十六法》，北京：中華書局。
2008 年	呂思勉述、黃永年記《呂思勉文史四講》，北京：中華書局。
2010 年	《呂思勉講中國史》，香港：商務印書館。
2011 年	呂思勉著、張耕華編《呂思勉學術文集》，上海：上海人民出版社，列為「思勉文庫」的一種。
2016 年	《重讀中國近代史》，北京：新世界出版社，包括《中國近世史前編》、《中國近百年史概論》、《中國近代史講義》、《國恥小史》四種。
2017 年	《呂思勉理學綱要》，長春：吉林出版集團股份有限公司。
	《呂思勉講中國政治思想史・文化史》，香港：商務印書館。
	「呂思勉文集」，南京：譯林出版社，共十五種、十九冊，包括《中國通史》、《中國近代史》、《白話本國史》、《先秦史》、《秦漢史》、《兩晉南北朝史》（二冊）、《隋唐五代》（二冊）、《讀史札記》（二冊）、《中國民族史》、《史學與史籍七種》、《文學與文選四種》、《詩文叢書》（二冊）、《先秦學術概論》（二冊）、《理學綱要》、《三國史話》。
2018 年	《呂思勉讀史札記》（全三冊），北京：化學工業出版社。
	《中國國體制度小史》、《中國政體制度小史》、《中國階級制度小史》、《中國宗族制度小史》、《中國婚

姻制度小史》，共五種，各出單行本，北京：知識產權出版社，列為「民國小史叢書」。

呂思勉著，張耕華編《學史門徑詳説》，北京：東方出版社。

2019 年　張耕華編《呂思勉講中國史》，北京：中華書局。

《呂著中國通史》，台北：五南圖書出版股份有限公司。

2020 年　「呂思勉歷史作品系列」，包括《先秦史》、《秦漢史》、《三國史話》、《兩晉南北朝史》、《隋唐五代史》、《中國近代史》、《中國通史》、《呂著中國通史》，北京：中華書局。

2021 年　《呂思勉極簡中國史》，北京：中國畫報出版社。

2022 年　「呂著經典叢書」，包括《白話本國史》、《中國通史》、《先秦史》、《秦漢史》，香港：香港中和出版有限公司。

《呂思勉國文課》、《呂思勉國史課》（二冊）、《呂思勉修身課》，上海：上海古籍出版社。

主要參考書目

（一）目錄學和工具書

中國社會科學院歷史研究所編《八十年來史學書目（1900－1980）》，北京：中國社會科學出版社，1984 年。

謝保成、賴長揚、田人隆編《中國史書目提要》，鄭州：中州古籍出版社，1991 年。

《二十世紀中國學術要籍大辭典》，北京：中共中央黨校出版社，1993 年。

《中國學術名著提要‧歷史卷》，上海：復旦大學出版社，1994 年。

北京圖書館編《民國時期總書目（1911－1949）：歷史、傳記、考古、地理》上、下冊，北京：書目文獻出版社，1994 年。

《中國學術名著大詞典‧近現代卷》，上海：漢語大詞典出版社，2001 年。

（二）關於呂思勉的專書

俞振基著《蒿廬問學記：呂思勉生平與學術》，北京：三聯書店，1996 年。

張耕華著《人類的祥瑞──呂思勉傳》，上海：華東師範大學出版社，1998 年。

張耕華著《史學大師──呂思勉》，上海：上海教育出版社，2001 年。

李永圻、張耕華編撰《呂思勉先生年譜長編》上、下，上海：上海古籍出版社，2012 年。

莫名著《尋些碎石好墊底──讀呂思勉兩部書》上、下冊，香港：天地圖書有限公司，2015 年。

何周著《呂思勉文獻學成就研究》，合肥：黃山書社，2016 年。

華東師範大學思勉人文高等研究院呂思勉研究中心編
《觀其會通：呂思勉先生逝世六十周年紀念文集》，
上海：上海古籍出版社，2017 年。

（三）其他相關著作

顧頡剛著《當代中國史學》，南京：勝利出版公司，
1947 年；香港：龍門書店，1964 年影印本。

王曉清著《學者的師承與家派》，武漢：湖北人民出版
社，2000 年。

陳其泰著《20 世紀中國歷史考證學研究》，北京：北京
師範大學出版社，2005 年。

張林川、周春健著《中國學術史著作提要》，武漢：崇
文書局，2005 年。

田亮著《抗戰時期史學研究》，北京：人民出版社，
2005 年。

周佳榮、丁潔著《天下名士有部落——常州人物與文化
群體》，香港：三聯書店、香港浸會大學當代中國
研究所，2013 年。

周佳榮著《中國歷代史學名著快讀》，香港：商務印書
館，2016 年；北京：北京大學出版社，2017 年。

階梯之階梯

呂思勉

著作導讀

周佳榮
著

責任編輯　　郭子晴
裝幀設計　　簡雋盈
排　　版　　陳美連
印　　務　　林佳年

出版
中華書局（香港）有限公司
香港北角英皇道 499 號北角工業大廈 1 樓 B
電話：（852）2137 2338
傳真：（852）2713 8202
電子郵件：info@chunghwabook.com.hk
網址：http://www.chunghwabook.com.hk

發行
香港聯合書刊物流有限公司
香港新界荃灣德士古道 220 - 248 號
荃灣工業中心 16 樓
電話：（852）2150 2100
傳真：（852）2407 3062
電子郵件：info@suplogistics.com.hk

印刷
美雅印刷製本有限公司
香港觀塘榮業街 6 號海濱工業大廈 4 樓 A 室

版次
2023 年 3 月初版
©2023 中華書局（香港）有限公司

規格
32 開（190mm x 130mm）

ISBN
978-988-8809-47-9